8° F Pièce 2551

AF459537

DE LA RESTRICTION DE LA RÈGLE

DES

DEUX DEGRÉS DE JURIDICTION

Dans l'Ordre Judiciaire
Et dans l'Ordre Administratif

PAR

RAOUL DE LA GRASSERIE

Docteur en droit
Juge au Tribunal civil de Rennes
Correspondant du Ministère de l'Instruction publique
Membre de la Société des Gens de Lettres
Membre de l'Académie de Législation de Toulouse

PARIS

Administration
DU *DROIT MODERNE*
Boulevard Pereire, 188 *bis*

Librairie Marescq Aîné
CHEVALIER-MARESCQ et Cie, Éditeurs
20, rue Soufflot, 20

1896

LIBRAIRIE MARESCQ AINÉ
CHEVALIER-MARESCQ ET CIE, ÉDITEURS
20, RUE SOUFFLOT, 20

CODES FRANÇAIS

ET

LOIS USUELLES

DÉCRETS, ORDONNANCES ET AVIS DU CONSEIL D'ÉTAT

QUI LES COMPLÈTENT OU LES MODIFIENT

CONFORMES AUX TEXTES OFFICIELS

AVEC UNE

CONFÉRENCE DES ARTICLES, BASÉE PRINCIPALEMENT SUR LA JURISPRUDENCE

ANNOTÉS

DES ARRÊTS DE LA COUR DE CASSATION

ET DES CIRCULAIRES MINISTÉRIELLES

PAR

H.-F. RIVIÈRE

Docteur en droit, Conseiller à la Cour de Cassation

AVEC LE CONCOURS DE MM.

Faustin HÉLIE
Membre de l'Institut, Vice-Président du Conseil d'État.

Paul PONT
Membre de l'Institut, Président honoraire à la Cour de Cassation.

PUBLICATION CONTINUÉE PAR MM.

DEMANGEAT
Conseiller à la Cour de Cassation, Professeur honoraire à la Faculté de droit.

PONCET
Vice-Président au Tribunal civil de la Seine.

Une nouvelle édition, refondue et augmentée des nouvelles lois paraît chaque année dans le courant d'octobre.

Un très fort volume in 8°. . . . . . **25 fr.** broché.

Relié en un volume. . **28 fr.**— En deux volumes. . **31 fr.**

LES MÊMES DANS LE FORMAT DE POCHE (in-32 colombier)

Suivis des textes de l'ancien droit mis en rapport avec la législation en vigueur

Prix : 6 francs broché; 7 fr. 50 relié en un vol., et 9 francs relié en 2 vol.

AVIS IMPORTANT

Chaque exemplaire in-8° contient quatre bons permettant de retirer **gratuitement pendant quatre ans** les suppléments publiés annuellement et destinés à mettre les Codes au courant des dernières dispositions législatives.

DE LA RÈGLE
DES
DEUX DEGRÉS DE JURIDICTION

Pièce
8° F
2551

DE LA RESTRICTION DE LA RÈGLE

DÉPÔT LÉGAL
Seine
N° 2893
1896

DES

DEUX DEGRÉS DE JURIDICTION

BIBLIOTHÈQUE NATIONALE
IMPRIMÉS

Dans l'Ordre Judiciaire
Et dans l'Ordre Administratif

PAR

RAOUL DE LA GRASSERIE

Docteur en droit
Juge au Tribunal civil de Rennes
Correspondant du Ministère de l'Instruction publique
Membre de la Société des Gens de Lettres
Membre de l'Académie de Législation de Toulouse

PARIS

Administration
DU *DROIT MODERNE*
Boulevard Pereire, 188 *bis*

Librairie Marescq Aîné
CHEVALIER-MARESCQ et Cie, Éditeurs
20, rue Soufflot, 20

1896

DE LA RESTRICTION

DE LA

RÈGLE DES DEUX DEGRÉS DE JURIDICTION

Dans l'Ordre Judiciaire et dans l'Ordre Administratif

La règle du double degré de juridiction, en d'autres termes, de l'appel (car le recours en cassation et les recours extraordinaires ne sont pas compris parmi ces degrés) est générale dans notre droit et dans la plupart des législations contemporaines; les exceptions qui y sont faites, sauf celles fondées sur l'importance pécuniaire minime du litige, sont fort peu nombreuses, et il semble à tous que cette faculté de l'appel, presque partout réservée, est une garantie solide et nécessaire du justiciable contre les erreurs possibles de la Justice. Toute affaire ou presque toute affaire doit être jugée deux fois, et si les deux décisions sont contraires, c'est la seconde qui est réputée la meilleure. Nous n'avons pas à faire ici la critique de l'appel, mais seulement à nous demander s'il ne doit pas être restreint. Cependant il est impossible de résoudre cette question en se plaçant à un point de vue trop étroit ; il faut, pour un moment au moins, l'élargir, en d'autres termes, se demander d'abord quelle est la genèse historique, quel est le fondement rationnel, quels sont les avantages et quels sont aussi les inconvénients de l'appel.

I. — Du principe, des avantages et des inconvénients de l'appel.

La cause finale de l'appel, c'est certainement de parvenir plus sûrement à la connaissance de la vérité et à la déclaration du droit, et on peut dire que ce résultat est obtenu, autant que les choses humaines le permettent, lorsque deux sentences se corroborent ; mais telle n'a pas été la cause historique et initiale. On peut même dire que cette idée d'obtenir plus de sûreté par l'accumulation des sentences n'était pas d'abord venue à l'esprit. Le juge était supposé éclairé et impartial. Que fallait-il demander de plus? En tout cas, un second juge le serait-il davantage? Aussi, en droit romain, dans son premier état, n'y avait-il pas d'appel. Il y avait, au contraire, une cassation. Un magistrat supérieur et de même degré pouvait opposer son veto à l'exécution de la sentence d'un autre magistrat; c'était *l'intercessio;* ce sont surtout les tribuns qui usèrent de ce droit. Cette intercession pouvait se produire aussi bien après la sentence rendue qu'après l'organisation d'un *judicium* par le préteur. Son effet était purement négatif, et pour cette raison toute mécanique, ne pouvait prévaloir contre les jugements d'absolution. Enfin, le magistrat supérieur n'avait à craindre contre sa décision aucune *intercessio.* A ce stade de l'évolution l'idée de recourir à un juge et à un jugement meilleurs n'est même pas née, puisque la sentence cassée n'est suivie d'aucune autre; il n'y a en jeu que le droit respectif des fonctionnaires chargés d'administrer la justice et la reconnaissance de leur préséance ou de leur égalité. C'est à partir de l'empereur Auguste que l'appel s'introduit. Il est admis pour toutes les affaires, même les plus petites, et contre toutes les décisions, sauf celles du préfet du prétoire et de l'Empereur qui jugent toujours en dernier ressort; pour recourir devant l'empereur, juge d'appel, il faut que l'affaire ait une certaine importance. L'appel est toujours jugé par un magistrat supérieur, et ce qu'il faut retenir, c'est que les parties peuvent remonter d'appel en appel tous les degrés de la hiérarchie jusqu'à l'empereur; celui *per saltum* n'est pas permis en général. De là plusieurs appels successifs, non plus deux seulement, mais trois, quatre degrés de juridiction. Du reste, appel et cassation sont confondus; il n'y a pas de cassation proprement dite. Ce second stade du droit est le développement du premier, on sort de l'impasse où l'on restait auparavant. Le magistrat supérieur qui brise le premier jugement le remplacé cette fois par un autre. Mais la cause primitive subsiste; elle est toute hiérarchique; ce n'est qu'indirectement qu'on cherche à obtenir un jugement meilleur; on applique directement l'idée de l'exercice de la supériorité; autant d'appels successifs que la hiérarchie a de degrés.

Dans notre droit ancien et féodal, nous observons le même *processus.* Tout d'abord, dans ce recommencement qui a sur ce point une analogie frappante avec le commencement du droit romain, il n'y avait pas d'appel du tout, ou plus exactement, il y en avait seulement dans des cas extraordinaires, dans celui de *défaute de droit,* c'est-à-dire lorsque le seigneur refusait de statuer; alors on s'adressait à son suzerain, et de degré en degré jusqu'au roi, et dans le cas de *faussement de jugement*, dans celui de prévarication, on s'en prenait au juge par une sorte de duel judiciaire; mais, en dehors de ces cas, point d'appel, et dans le premier, recours hiérarchique. Plus tard on pût appeler, même pour simple erreur du juge; mais dans cet appel la cause passait du juge seigneurial au juge royal; ce fut un des moyens d'affaiblir la féodalité. Alors la cause subit des appels successifs, d'abord féodalement, de seigneur en seigneur, suivant leur place dans la hiérarchie féodale, puis de là aux justices royales, et dans celles-ci, du prévôt au bailli, et du bailli au Parlement, suivant leur place dans la hiérarchie royale. De là de nombreux degrés de juridictions. D'autre part, ce n'était pas le jugement qu'on attaquait directement, mais le juge ; celui-ci, si le jugement était infirmé, était passible d'une amende. Ce *processus* est très remarquable. Il démontre que l'idée de recourir contre l'erreur du premier jugement, n'était née que très tardivement, que le second procès se faisait au juge et seulement contre sa partialité prétendue, que le recours était multiple, que c'était le résultat mécanique de la hiérarchie, que son développement est dû à la lutte de deux autorités superposées, la seigneuriale et la royale, que l'appel enfin était plutôt, de la part de souverains, l'exercice d'une souveraineté.

Nous avons rappelé ces précédents historiques dans l'unique but de montrer que l'idée de l'appel (pour obtenir une meilleure sentence) n'est rien moins que primordiale et générale comme on nous la représente d'habitude, et que le *processus* mécanique était bien différent du but plus tard cherché.

La Révolution française, en détruisant la hiérarchie féodale et royale, détruisait en même temps la cause historique et mécanique de l'appel; aussi y eut-il discussion à la Convention sur la question de savoir si l'on devait le supprimer. On ne se trouvait plus qu'en présence de cette idée qui s'était développée peu à peu avec le temps, que le juge n'est pas infaillible, et qu'il peut être bon, par conséquent, que le procès soit jugé plus d'une fois. Mais tout d'abord on pensa à instituer le jury en toute matière, même civile, et alors pour des motifs spéciaux que nous indiquerons plus loin, l'appel n'avait plus de raison d'être. L'institution du jury civil fut rejetée, et alors la question se posa de nouveau. L'appel fut admis, mais une seule fois; il n'y eut plus que deux degrés de juridiction seulement. Cette restriction était la conséquence nécessaire de la substitution de l'idée d'obtention d'une décision meilleure à celle de satisfaction des droits hiérarchiques de juridiction. Pour le même motif, l'appel n'était point porté devant une juridiction supérieure, mais les tribunaux étaient juges mutuels de leurs appels, sauf celui du chef-lieu de département, qui l'était des appels des jugements des tribunaux d'arrondissement. C'était rompre nettement avec le principe de hiérarchie juridictionnelle pour ne plus rechercher que le mieux jugé. En même temps, on ne suspectait pas l'intelligence du premier juge, puisqu'on prenait pour second juge un juge égal.

Plus tard, l'Empire établit une hiérarchie judiciaire, en instituant les cours d'appel qui correspondaient aux anciens Parlements. L'idée de hiérarchie juridictionnelle se fit jour de nouveau; l'appel ne fut plus mutuel, mais dévolu à un juge supérieur; on appela au civil, du juge de paix au tribunal d'arrondissement et de celui-ci à la cour. L'idée de la supériorité du second juge reparut dans l'appel.

En supprimant la multiplicité des degrés de juridiction et en les réduisant à deux, le droit intermédiaire, et après lui le droit contemporain, ont établi deux autres principes, d'abord celui de la cassation. Pour assurer l'unité de la jurisprudence, les arrêts des cours qui ont statué sur l'appel, ou les jugements en dernier ressort peuvent être déférés à la Cour de cassation pour violation de la loi ou des formes. Il en résulte, en réalité, un troisième degré de juridiction, quoiqu'on prétende ordinairement le contraire, lorsque l'appel a déjà eu lieu sur une question de droit; le même point se trouve alors jugé trois fois; il peut même l'être quatre ou cinq fois suivant les décisions des cours de renvoi. L'autre principe est que, lorsque le juge premier est le jury, soit au criminel, soit au civil (expropriation pour cause d'utilité publique), il n'y a pas d'appel.

Telle est la genèse historique de l'appel; quel est son fondement rationnel? Il est tout autre. Le juge peut, ce qui est rare, avoir volontairement et par partialité consciente ou par corruption statué contre la justice; alors une voie de recours spéciale est instituée : la prise à partie. Si nous l'énonçons, c'est pour faire ressortir qu'elle est en dehors des hypothèses prévues pour l'appel. En ce qui concerne celui-ci, le juge peut: 1° ou avoir statué avec une partialité inconsciente, provenant de la connaissance personnelle des parties, ou de passions politiques ou sociales, ou de préjugés locaux; 2° ou avoir apporté une attention ou une aptitude insuffisantes à l'examen du fait; 3° ou être moins savant quant à la connaissance du droit, ou à son application au fait. Si l'affaire est jugée deux fois, il y aura moins de chance d'erreur. Si le second juge est plus éloigné des parties, il aura plus d'indépendance et d'impartialité subjective (l'impartialité objective est toujours supposée) que le premier. Cela est vrai et se réalisera si les deux jugements sont conformes, mais s'ils sont contraires, rien n'assurera que le second soit meilleur que le premier, parce qu'il est second. C'est ici qu'intervient l'idée hiérarchique qui s'ajoute à l'autre. Si le second juge est plus ancien, plus élevé en situation, plus savant que le premier, il y aura beaucoup de chance pour que la sentence soit préférable.

Ces motifs expliquent précisément pourquoi l'appel qui est utile pour les jugements de magistrature, ne l'est pas pour les verdicts de jury. Les jurés sont choisis, au moins indirectement, par les parties, puisque leur désignation est le résultat de récusations successives; ils n'appartiennent point, d'ailleurs, à la localité, leur impartialité ne peut, en conséquence, être suspectée. D'autre part, un jury n'est, par définition même, ni inférieur, ni supérieur à un autre, ni au point de vue de l'intelligence, ni à celui de la science, ni à celui hiérarchique. Le second verdict ne pourrait, à aucun titre, être présumé meilleur que le premier. Nous reviendrons sur ce point.

Le fondement rationnel de l'appel est donc très réel, quoiqu'il diffère de son fondement historique. Nous n'avons pas lieu, d'ailleurs, de nous étonner de la différence de ces deux causes : l'historique et la rationnelle; nous avons eu bien des fois l'occasion d'observer et de faire remarquer que tout ce qui est devenu *fonctionnel*, dirigé vers un but et rationnel, a été d'abord simplement *mécanique*.

Quels sont en thèse les avantages et les inconvénients de l'appel?

Les avantages sont nombreux ; ce qui le prouve *à priori*, c'est l'usage universel de l'appel chez toutes les nations civilisées. Le principal est certainement celui de mettre le juge et le jugement à l'abri de tout soupçon de partialité. Il ne suffit pas, en effet, que l'impartialité du juge existe en réalité; il faut encore que, dans l'esprit des plaideurs, elle ne puisse être suspectée. Or, elle ne peut l'être quand deux tribunaux ont statué successivement, et lorsque le second est plus éloigné territorialement et se trouve sis en dehors des compétitions locales de coteries et de personnes. Si le plaideur qui perd n'a aucun de ces soupçons, il n'appellera pas; dans le cas contraire, il appellera; il sera donc garanti non seulement objectivement, ce qui n'est pas, en général, nécessaire, mais subjectivement aussi. Ce n'est pas tout ; le juge peut réellement s'être trompé; dans ce cas, le second juge, plus éclairé par cela seul qu'il n'a pas encore pris part aux débats et qu'il arrive avec une conscience et un discernement neufs, corrigera l'erreur; si, en outre, il possède plus de lumières, la correction deviendra plus probable.

Enfin les parties qui ont pu être surprises, ce qui est rare, par la rapidité du premier jugement, pourront réparer les oublis, invoquer des moyens nouveaux, connaître par le premier jugement les points essentiels qu'elles avaient mis au second plan; il y a là l'idee d'une sorte de délai de grâce pour faire valoir leurs droits.

Le juge lui-même profite de l'appel; s'il statuait de suite, en dernier ressort, sur les litiges les plus graves, sa conscience serait troublée, il craindrait trop de se tromper, et son jugement n'en serait pas meilleur pour cela, au contraire. Ce ne sont pas les hésitations infinies qui produisent les bonnes décisions. Il est vrai que cette responsabilité morale n'est pas détruite, qu'elle est transportée seulement au juge d'appel; mais celui-ci est déjà guidé par le jugement de première instance, il trouve le terrain déblayé, les points principaux mis en relief, il concentre son attention sur l'essentiel.

Nous ne croyons pas avoir diminué les avantages de l'appel, mais il ne faut pas atténuer ses inconvénients qui sont nombreux aussi. Tout d'abord et intrinsèquement, si l'appel donne une grande certitude lorsque le second jugement est conforme au premier, il en est tout autrement lorsqu'il est contraire. On ne sait plus alors du tout où se trouve la vérité. Le plaideur qui perd en appel, après avoir gagné en première instance, doit continuer de croire à son bon droit. On objectera que le second juge est plus éclairé que le premier. Il est cense l'être, mais il ne l'est pas véritablement. Les connaissances théoriques sont les mêmes, puisque pour passer d'un grade à l'autre de nouvelles épreuves ne sont pas nécessaires. Il est plus ancien, dit-on, et par là même possède plus d'expérience. Cela serait vrai dans une certaine mesure, si l'avancement était régulier; mais il ne l'est pas, et le juge d'appel est souvent moins ancien. Fût-il intrinséquement supérieur, cette supériorité serait détruite, au point de vue pratique, par des circonstances de procédure essentielles. Donc le second jugement n'a pas plus de valeur que le premier, et il n'acquiert d'autorité rationnelle décisive que s'il est conforme à celui-ci.

Nous venons de dire que, de par la procédure, le juge d'appel se trouve dans une situation d'infériorité. Cela est évident si nous considérons l'appel correctionnel. Le juge de première instance entend de vive voix les dépositions des témoins, il les interroge, les confronte entre eux et avec l'inculpé; de tout cela il n'est point dressé procès-verbal, mais tenu des notes sommaires très imparfaites, qui ne sont pas dictées par le juge, mais rédigées par le commis greffier ; le juge d'appel, dans la même affaire, n'entend point les témoins; il ne connaît même pas textuellement les dépositions par eux faites en première instance ; il a le droit, il est vrai, de les faire comparaître de nouveau, mais il n'use pas de ce droit, car il en résulterait des lenteurs interminables et beaucoup de frais. En réalité, il ne statue pas en vraie connaissance de cause; en le supposant supérieur au juge premier, il lui redevient inférieur alors, de par la procédure.

Ce n'est pas le seul cas où cette infériorité se manifeste d'une manière éclatante; elle est aussi le résultat de l'organisation judiciaire. La loi a confié à des juges consulaires, comme plus compétents par leurs connaissances spéciales, le jugement des affaires de commerce. Hé bien! en appel, ce sont des magistrats, étrangers aux pratiques commerciales, qui décident, et ils sont inférieurs en science technique. Cela se comprendrait s'ils ne statuaient que sur le droit, mais ils statuent sur le fait, et alors on ne s'explique plus qu'il y ait appel d'experts à des non-experts.

La même anomalie se produit en ce qui concerne l'appel des décisions des conseils de prud'hommes, qui est porté non devant des prud'hommes supérieurs, mais devant le tribunal de commerce. Le législateur a considéré que des industriels (ouvriers et patrons) jugeraient mieux que tous autres les affaires de travail, et cependant, en appel, il fait réviser leurs décisions par des commerçants.

L'excellence du second jugement, en regard du premier, quand il y a dissidence entre eux, est donc loin d'être démontrée, et cela diminue la valeur intrinsèque de l'appel.

Mais au point de vue pratique, cette valeur descend encore.

L'appel a le grand inconvenient de causer des frais considérables qui s'ajoutent à ceux déjà très lourds de première instance, et qui s'augmentent encore, en cas de cassation, de l'arrêt de renvoi devant une seconde cour, etc. Si l'on voulait rendre la sentence d'appel plus éclairée, par exemple, exiger au correctionnel une nouvelle audition des témoins, les frais deviendraient tout à fait excessifs. C'est bien à tort que la loi fiscale frappe la procédure d'appel de frais plus élevés.

Le second inconvénient pratique est aussi grave. L'appel laisse très longtemps le droit en suspens, et ici il s'agit, non seulement de l'appel formé, mais du délai d'appel. Toutes les nations qui ont admis l'appel se sont efforcées d'en restreindre le délai pour que les droits se fixent le plus tôt possible. En droit romain, il était de deux jours seulement. Chez les peuples modernes, il faut distinguer l'appel au répressif et celui au civil. Pour le premier, notre Code ne donne que dix jours à partir du jugement.

Cette prescription est sage. Chez la plupart des autres peuples, il en est de même; le délai est seulement un peu plus bref. Mais dans les matières civiles, il existe une grande divergence entre notre droit et celui de tous nos voisins. Dans la plupart des codes de procédure de la Suisse, par exemple à Berne, à Fribourg, à Zurich et au Tessin, le délai est de huit jours; en Serbie, il est de quinze jours ; au Salvador, de trois ; dans la Confédération argentine, de cinq ; en Allemagne, d'un mois à partir de la signification. En France, le délai était de trois mois à partir du même moment; la loi du 3 mai 1862 l'a réduit à deux mois. La différence est très grande. Si l'on songe que pour la levée du jugement et sa signification il faut souvent deux mois, c'est en réalité à quatre mois que se se trouve porté le délai pour faire appel.

Ce long retard se trouve augmenté par le concours avec les autres voies de recours. En cas de jugement par défaut, le délai d'opposition doit se terminer avant que celui d'appel commence. Au contraire, en Allemagne, le jugement par défaut ne peut être attaqué par appel par le défaillant; c'est à la fois une économie de temps et une restriction de l'appel. Il en était ainsi en droit romain. De même on ne peut frapper de recours en cassation un jugement en premier ressort que s'il a d'abord subi l'appel. Il faudra cumuler les délais d'appel et ceux de cassation pour fixer les droits des parties.

Les différents jugements, qui interviennent en première instance dans une affaire et qui peuvent être séparément frappés d'appel, viennent augmenter les lenteurs de la justice. On peut appeler séparément chez nous de chaque jugement interlocutoire, et attendre la décision d'appel avant de continuer le cours de la première instance.

Le délai d'appel, non seulement parce qu'il est plus long en France que partout ailleurs, mais aussi en raison de ces diverses circonstances, a l'inconvénient de faire durer le litige au delà de toute mesure. Mais nous n'avons examiné que les procès simples, et l'inconvénient devient bien plus grave lorsqu'il s'agit de certains procès spéciaux qui entraînent, sinon en droit, au moins en fait, quatre ou cinq degrés de juridiction. Nous n'en voulons citer qu'un exemple frappant, c'est celui du litige possessoire. Comme on le sait, ce litige est le préliminaire du pétitoire, et a surtout pour but de fixer ultérieurement les rôles des plaideurs quant à la preuve. Eh bien, en résultat, voici ce qu'on obtient : 1° possessoire en première instance (justice de paix); 2° possessoire en appel (tribunal civil); 3° pétitoire en première instance (tribunal civil); 4° pétitoire en appel (cour). Il faut joindre quelquefois 5° cassation du possessoire; 6° cassation du pétitoire; 7°, 8°, 9°, juridictions de renvoi, et quelquefois aussi, 10°, appel d'interlocutoire possessoire; 11° appel d'interlocutoire pétitoire, etc., etc.

Voilà deux inconvénients pratiques des plus graves : 1° augmentation des frais; 2° incertitude prolongée du droit; il faut en ajouter un troisième. La longue réflexion laissée au plaideur perdant le fera s'ingénier à trouver de nouveaux moyens, à chercher des arguties; il soulèvera, par exemple, une incompétence *ratione materiæ* pour la première fois en appel. Quelquefois même il aura réservé à dessein quelques-uns de ses moyens. L'appel, en un mot, est souvent une excitation donnée à la mauvaise foi d'un plaideur.

Enfin le juge de première instance lui-même peut sentir sa responsabilité morale trop dégagée par la possibilité de l'appel; il aura une attention moins concentrée. Après tout, il ne doit rendre qu'un jugement provisoire. A son tour, le juge d'appel s'appuie quelque peu sur le précédent jugement. Pour avoir voulu trop de solidité, on peut ainsi aboutir à un édifice moins solide.

Tels sont les avantages et les inconvénients de l'appel. Tout pesé, on peut en conclure hardiment qu'il faut conserver cette institution, mais qu'il faut considérablement en restreindre l'application.

II. — Examen critique de l'application de l'appel dans notre droit français actuel; des exceptions faites à ce principe.

Avant de rechercher quelles réformes il y aurait lieu de faire à la fixation du premier et du dernier ressort, il faut d'abord indiquer sommairement et nettement l'état du droit français actuel sur ce point.

En ce qui concerne les juridictions répressives, il faut distinguer le criminel, le correctionnel et la simple police. Les règles sont des plus simples; au criminel, jamais d'appel, point d'exception; au correctionnel, toujours appel, point d'exception non plus; en simple police, une distinction, mais très simple : sont susceptibles d'appel seulement les jugements qui prononcent la peine d'emprisonnement, ou plus de cinq francs de condamnation pécuniaire. Il importe de remarquer ce dernier principe; ce n'est point la peine édictée par la loi, ni celle demandée, mais celle prononcée par le juge qui sert de *criterium*.

L'idée du législateur a été celle-ci : toutes les peines au répressif, sauf celles résultant de délits non intentionnels, c'est-à-dire de contraventions, et n'ayant pas entraîné d'emprisonnement, entachent l'honneur, et par là même acquièrent une gravité telle que l'appel doit être permis; c'est ce qui explique pourquoi il n'existe pas d'exceptions de détail.

Une seule exception doit être admise, celle-là très générale, en raison de la nature de la juridiction qui a prononcé. Toutes les affaires criminelles sont jugées par un jury; or, dès que le jury apparaît, la faculté de l'appel doit disparaître. Pourquoi? Les motifs sont nombreux et tous valables. Tout d'abord, si en vertu de la supériorité présumée l'arrêt d'une cour peut être réputé meilleur que celui d'un tribunal, il n'y a aucune raison pour que le verdict d'un jury soit supérieur à celui d'un autre jury; le second verdict n'aurait de valeur que s'il corroborait le premier; mais s'il l'infirmait, ce seraient moralement les deux qui seraient infirmés en même temps.

Puis les verdicts ne sont pas motivés, ils ne peuvent l'être, sans que la souveraineté du jury en soit diminuée; or comment juger un jugement qui n'indique pas ses motifs. Ce serait juger non plus le premier jugement, mais l'affaire à nouveau, comme si aucun jugement n'avait déjà été rendu, ce qui est bien différent.

Enfin, et c'est surtout ce qui est intrinsèque et essentiel, le principe de l'appel est un acte de suspicion contre le bien jugé de juges supérieurs imposés, que le plaideur n'a pas choisis, dont il n'aurait même pas voulu peut-être. Or, le juré est, au contraire, indirectement au moins, un juge choisi, auquel on a manifesté d'avance sa confiance, et qu'on ne peut récuser ensuite.

En effet, ce tribunal est le résultat tout d'abord d'un tirage au sort, de plusieurs même, et lorsqu'il est ainsi formé, l'accusé en élimine, sans même être obligé d'en faire connaître les motifs, par récusation péremptoire, tous ceux en qui il n'aurait pas confiance. Le jury est donc le tribunal choisi par l'accusé, il a accepté sa décision d'avance, il ne doit pas avoir de recours contre elle. Ajoutez à cela que les jurés sont ses pairs, non ses supérieurs; qu'à l'occasion il peut être appelé à les juger à leur tour. C'est la *justice mutuelle*. Aussi tous les peuples chez lesquels le jury existe interdisent l'appel contre ses décisions. C'est que le principe ci-dessus est fondé. C'est ainsi qu'en Allemagne la juridiction inférieure, celle des tribunaux d'échevins, qui se compose d'un magistrat et de deux jurés, prononce sans appel, lorsque les jurés ont siégé; qu'en Espagne, il n'y a point d'appel au criminel; qu'il en est ainsi en Angleterre, en Écosse, quand il s'agit des cours supérieures, auxquelles est adjoint le jury; qu'en Russie la décision est sujette ou non à l'appel, suivant qu'il y a eu ou non décision du jury. En Suisse, le tribunal correctionnel statue avec adjonction du jury, et il n'y a pas d'appel.

Cependant, dans le monde social, comme dans le monde physique, il existe des anomalies, et tandis que partout l'idée de jury est exclusive de l'idée d'appel, en Autriche, au contraire, d'après le Code d'instruction criminelle, l'appel est admis même contre les décisions rendues par les cours d'assises en vertu du verdict du jury. Mais il faut ajouter que l'appel ne peut porter que sur l'application de la peine et non sur la culpabilité, et comme l'application de la peine dépend des cours et non des jurys, c'est de la décision d'une magistrature qu'on peut appeler, et l'anomalie se trouve ainsi plus apparente que réelle.

L'exclusion de l'appel contre les décisions du jury se justifie donc. Cependant, ne doit-il pas paraître singulier que, lorsqu'il s'agit de la vie, de la privation perpétuelle ou très longue de la liberté, on soit condamné sans appel, tandis que, dans les cas moins importants, l'appel est toujours admis. La peine la plus grave sera irréparable, tandis que la moins grave ne l'est pas. Ne devrait-on pas universaliser l'appel ou le rejeter partout?

L'objection est considérable; son examen à fond nous entraînerait trop loin. Ce serait le principe du jury qui entrerait lui-même en discussion. Est-ce qu'il y a lieu, pour son admission, de distinguer entre les crimes et les délits? Est-ce que, si son existence est reconnue nécessaire pour les crimes qui sont infamants, il n'y a pas lieu de l'exiger pour un grand nombre de délits qui ne le sont pas moins? Est-ce que l'homme condamné à quatre mois d'emprisonnement pour vol n'en est pas moins flétri et perdu moralement que celui condamné à dix ans de réclusion pour la même cause? Et alors, son honneur, s'il est innocent, ne doit-il pas jouir de la même garantie, celle du jury, si c'en est une? D'ailleurs, point de délimitation rationnelle entre le crime et le délit, tandis qu'il en est une entre le délit et la contravention. Le dernier bornage est rationnel; le délit est intentionnel et dommageable; la contravention, ou bien n'est pas intentionnelle, ou bien n'est pas dommageable. Mais le premier n'est qu'empirique. Le crime est ce qui est puni de peines criminelles; le délit est ce qui est puni de peines correctionnelles. Cette définition est une véritable pétition de principe, ainsi que tous les criminalistes l'ont reconnu. En réalité, la cloison est tellement artificielle et mince, qu'il y a une foule d'infractions mitoyennes. Une preuve pratique de cette vérité, c'est l'usage de plus en plus répandu de la correctionnalisation. Presque tous les vols domestiques, quoique qualifiés crimes, viennent devant le tribunal correctionnel; l'infanticide lui-même y est porté quelquefois sous le titre de suppression d'enfant. Bien plus, un fait acquitté au criminel sous une appellation de crime vient souvent ensuite au correctionnel avec la qualification de délit. C'est ce qui est fréquent pour l'infanticide, dégénéré, comme nous venons de le dire, en suppression d'enfant. On ne comprend guère que, parmi des infractions de nature identique, les uns soient soumis à un jury, les autres à un tribunal. L'unité de juridiction semble s'imposer devant l'unité d'infraction, et soit celle du jury, soit celle du tribunal, devrait s'appliquer à tous. Ainsi l'anomalie signalée et très réelle serait détruite. Dans ce cas aussi, l'appel serait admis partout, ou rejeté partout.

En admettant la distinction entre le criminel et le correctionnel, l'universalité de l'appel au correctionnel semble sujette à critique. Il y a des exceptions qui semblent *à priori* s'imposer. Si la loi édicte qu'il y a lieu toujours à appel, parce que le jugement lèse gravement, sinon la liberté, au moins l'honneur de l'inculpé, il y a un cas où, la cause cessant, l'effet doit cesser; c'est lorsqu'il s'agit précisément d'un fait qui ne porte pas atteinte à l'honneur, et tel est le cas toutes les fois qu'il s'agit de ce qu'on appelle un délit contraventionnel, un délit de chasse, par exemple; il existe d'autres cas qui pourraient former exception, mais celui-ci est le plus évident.

Aussi des Codes étrangers n'ont-ils pas suivi cette règle absolue de l'admissibilité de l'appel au correctionnel. En Autriche, l'appel est admis d'une manière générale, mais seulement quant aux intérêts de la partie civile ou sur l'application de la peine seulement, non sur la déclaration de culpabilité, et même alors l'appel n'est possible que si la cassation ne l'est pas. En Angleterre, l'appel des juridictions inférieures (juges de paix, cours de petite session, cours de police) est très rarement admis; il faut qu'il y ait eu condamnation à la prison sans faculté d'opter pour une amende et que cette condamnation ait atteint une personne qui avait plaidé *non-coupable*. Ici apparaît un nouveau *criterium*, la distinction entre la condamnation à l'emprisonnement et celle à l'amende. On peut y remarquer aussi un autre criterium que nous venons d'observer en Autriche, mais employé en sens inverse : la distinction entre la déclaration de culpabilité, et l'application de la peine. En Italie, un autre criterium se fait jour; on distingue entre le cas où la peine est l'emprisonnement ou des peines pécuniaires excédant six cents francs, et le cas contraire; en outre, la partie civile ou l'inculpé peuvent appeler aux fins civiles, quand les dommages-intérêts prononcés excèdent quinze cents francs. Les *criteria* employés sont variés, mais dans tous les cas la règle de l'appel n'est plus absolue au correctionnel. Le Code français a donc parcouru une route solitaire où il a pu s'égarer.

De même, le critérium que le Code français a admis en simple police peut être facilement critiqué. En Espagne, l'appel est toujours admis en matière de contravention. En Italie, le recours est admis contre les sentences des préteurs quand il s'agit d'un délit véritable, ou qu'une peine corporelle est prononcée, et quant à l'action civile, l'appel de la partie civile ou de l'inculpé n'est admis qu'au-dessus de trente francs. En Suisse, pour l'admissibilité de l'appel, il faut qu'on ait prononcé l'emprisonnement, ou qu'il y ait cause de cassation, ou que la condamnation pécuniaire dépasse cinquante francs.

C'est la peine prononcée qui décide le plus souvent, ce qui permet au juge de soustraire sa sentence à l'appel, résultat qui n'est pas sans inconvénient. Le plus simple serait peut-être de réserver la peine d'emprisonnement pour les juridictions correctionnelles. En tout cas, on ne peut approuver la décision qui rend la décision susceptible ou non d'appel, suivant que la condamnation pécuniaire est inférieure ou supérieure à cinq francs.

Outre les inconvénients ci-dessus signalés de l'appel en général, ceux particuliers en matière répressive sont très grands. Tout d'abord, c'est là que se produit cette procédure dans laquelle la cour juge en second ressort sans entendre les témoins, et même sans avoir sous les yeux la relation complète de leurs dépositions.

Puis, s'il s'agit non pas de la non-culpabilité, mais de l'application de la peine, il est certain que, dans le domaine très vaste du maximum où le juge peut se mouvoir, grâce à l'admission des circonstances attenuantes (d'un jour à 5 ans, d'un jour à deux ans, etc.), cent juges pourraient prononcer cent peines différentes, sans qu'aucun d'eux pût être accusé de mauvaise application de la loi. Quant à ce, le meilleur juge-

BIBLIOTHÈQUE NATIONALE IMPRIMÉS

ment peut donc être infirmé sans que le nouveau soit préférable, surtout si la différence entre les peines prononcées est petite ; quelquefois les cours d'appel se complaisent à faire ces légères réformations pour faire acte de vitalité. Enfin et surtout il se produit beaucoup d'appels téméraires de la part de gens qui sont loin de mériter, ni subjectivement, ni objectivement, ce surcroît d'examen.

C'est ainsi que des vagabonds, des mendiants, chargés de condamnations nombreuses, interjettent appel et se font transporter au siège de la Cour, au grand détriment du Trésor public. On essaie d'arrêter cette habitude par des appels *à minimâ* permettant de majorer la première peine, mais c'est opposer une injustice à un mal et une peine *ab irato* à une procédure inutile. Si l'on déduisait les appels de ce genre, pour ne retenir que ceux qui sont sérieux, il en resterait peu, et l'attention se concentrerait mieux sur ces derniers.

L'appel en matière civile se forme des règles plus complexes et comporte plus d'exceptions. Il faut distinguer les tribunaux civils et de commerce d'une part, et les justices de paix de l'autre. Nous ne nous occupons pas ici des juridictions d'exception.

En matière civile ou commerciale, quand il s'agit des tribunaux d'arrondissement, les jugements sont sujets à appel, quand la demande, telle qu'elle résulte des dernières conclusions, dépasse quinze cents francs en capital s'il s'agit de meubles, et soixante francs de revenus s'il s'agit d'immeubles, ou si la demande est indéterminée, ou si la demande ne comporte pas de chiffre, questions d'état, mariage, divorce, etc. Ce n'est pas le chiffre de la condamnation prononcée qui doit compter, mais bien celui de la demande. En outre, certains jugements sont toujours sujets à appel, quel que soit le montant du litige ; ce sont ceux qui statuent sur la compétence, la récusation, le faux incident, la vérification d'écritures, ces matières ayant paru être d'ordre public. On peut aussi appeler dans tous les cas des ordonnances de référé. La loi romaine refusait l'appel aux défaillants. De même, la loi française, jusqu'à l'ordonnance de 1667. Il en est de même dans le Code de procédure civile allemand actuellement en vigueur. Le droit actuel permet d'appeler, même lorsqu'on a négligé la voie de l'opposition,et les deux délais se suivent. Les sentences arbitrales peuvent être frappées d'appel comme les jugements.

Enfin, les jugements interlocutoires peuvent être l'objet d'un appel, et cela dès qu'ils ont été rendus, par conséquent avant le jugement définitif. Cependant l'interlocutoire ne lie pas le juge. Une enquête est ordonnée; le tribunal n'en pourra pas moins rejeter ensuite les résultats de l'enquête et déclarer la preuve testimoniale non-admissible; mais, comme un préjugé résultant du jugement qui l'a ordonnée peut rester dans son esprit, la loi permet l'appel immédiat.

Les seules exceptions à l'admissibilité de l'appel au-dessus de quinze cents francs de capital ou de soixante francs de revenu sont les suivantes :

1° En matière d'expropriation pour cause d'utilité publique, l'appel est irrecevable contre la décision du jury qui fixe l'indemnité et celle du tribunal qui prononce l'expropriation. Dans le premier cas, l'exception n'est que l'application de ce principe qui soustrait à l'appel tous les verdicts, qu'ils soient rendus au criminel ou au civil. Le juré est souverain; le plaideur a été jugé par ses pairs; il les a choisis lui-même. En ce qui concerne le jugement d'expropriation, le motif est autre; le tribunal n'a qu'un point à examiner : celui de savoir si sa juridiction n'est pas réellement contentieuse, et les objections qui pourraient lui être faites seraient des objections de droit pour lesquelles la Cour de cassation se trouve tout naturellement compétente.

2° En matière de litiges sur l'enregistrement et le timbre. Ici il faut distinguer la genèse historique, la cause mécanique d'une part, et la cause finale et fonctionnelle de l'autre. En matière d'enregistrement, la procédure est rapide et peu coûteuse; point de plaidoirie, on juge sur mémoires écrits; pour le même motif, point non plus d'appel. La législation a voulu qu'en matière d'impôts, en présence de textes qu'il croyait clairs, le procès se jugeât sans grandes formalités, et surtout sans répétition. C'est un bienfait un peu brusque dont les adversaires du Trésor public profitent quant à la célérité et l'économie, mais qui pourrait nuire à leurs droits. Heureusement, par les circonstances, cette injustice est devenue juste.

La plupart des procès relatifs aux droits d'enregistrement se résolvent en questions de droit pur, les complexités de fait y entrent pour une faible dose, il y a donc là des litiges destinés par leur nature à entrer de plain pied dans le domaine de la Cour de cassation sans passer par la Cour d'appel, dont l'escalier se trouverait inutile. Les faire monter par l'appel serait bien en réalité, cette fois, les soumettre à trois degrés de juridiction. L'exception se justifie donc maintenant en raison, et l'on peut en extraire le principe suivant : tous les litiges qui ne contiennent que des questions de droit ou qui sont dominés principalement par des questions de droit, doivent être exceptés de l'appel.

3° En matière de litiges sur les contributions directes et indirectes. Quelques-uns des litiges sur les contributions directes sont de la compétence administrative, les autres et ceux sur les contributions indirectes sont de juridiction de droit commun. Mais le législateur a voulu favoriser l'État en lui accordant une procédure sommaire et en supprimant l'appel. Le point de départ a donc été le même qu'en matière d'enregistrement, mais cette exception n'a pas eu le même point d'arrivée. Les questions relatives à ces impôts sont aussi souvent de fait que de droit.

Telles sont les règles et les exceptions de l'appel des jugements des tribunaux d'arrondissement, civils ou commerciaux.

Ces règles et ses exceptions sont-elles bien fondées ?

Tout d'abord, la fixation du premier et du dernier ressort, suivant l'importance du chiffre, serait tout à fait juste, parce que l'appel ne doit pas être permis, en raison des retards et des frais qu'il entraîne, pour des intérêts trop faibles, si les fortunes étaient les mêmes; mais comme leur inégalité est grande, un procès montant à telle somme, peu important pour telle personne, peut l'être beaucoup pour une autre; l'importance n'est pas seulement *objective*, elle est surtout *subjective*, et le Code n'a tenu compte que de la première. Il est vrai qu'il ne pouvait se préoccuper de la seconde, et faire varier, suivant chacun, le taux du dernièr ressort. Il a statué pour une fortune moyenne et établi un taux moyen, de même qu'en astronomie on a adopté une heure moyenne, qui n'est pas celle exacte de chaque longitude.

Mais cette fixation devrait être chronologiquement mobile ; la valeur du numéraire tend de plus en plus à baisser, et la quantité d'objets qu'on peut avoir pour la même somme, est maintenant moitié moindre qu'il y a trente ans. Pour conserver les valeurs de quinze cents francs et de soixante francs, il faudrait les traduire aujourd'hui et chiffrer par trois mille et par cent-vingt francs. D'après le Code, c'est la somme fixée dans la demande qui compte seule pour le dernier ressort. Il en résulte que soit le demandeur, par sa demande principale, soit le défendeur par sa demande reconventionnelle, peuvent rendre à leur gré la demande en premier ou en dernier ressort. Cela peut ne pas être sans inconvénient. Par exemple, la demande est certainement en dernier ressort, un defendeur pourra la rendre susceptible d'appel en élevant une demande reconventionnelle sans aucun fondement, et se basant sur tout prétexte autre cependant que la réclamation de dommages-intérêts en raison de la demande principale.

On peut critiquer aussi la règle qui rend toujours susceptibles d'appel les vérifications d'écritures, les jugements sur la compétence, même sur celle *ratione loci.* Pourquoi ces incidents ne suivraient-ils pas le sort du principal? Pourquoi n'en serait-il pas de même de l'incompétence, même *ratione materiæ*, sauf recours en cassation? Seul l'incident de faux resterait sujet à appel.

La règle qui permet l'appel immédiat des sentences interlocutoires paraît encore moins fondée. Puisque l'interlocutoire ne lie pas le juge, on ne voit guère d'intérêt à appeler tout de suite de sa décision. Or, cet appel a le grand inconvénient d'éterniser le procès, surtout si l'on songe que l'arrêt rendu sur l'appel de l'interlocutoire peut être frappé d'un pourvoi en cassation, et que la Cour suprême pourra renvoyer à une autre Cour d'appel; pendant ce temps, le juge de première instance doit s'arrêter, attendre le sort de son interlocutoire et c'est son successeur qui rendra souvent le jugement définitif. Enfin, de nombreuses législations, comme nous l'avons vu, ne permettent pas d'user de l'appel, si l'on n'a pas usé de l'opposition, et cela nous semble parfaitement juste, à moins qu'on ne se serve de l'appel dans le délai d'opposition lui-même.

Notre Code d'instruction criminelle confond, en tout cas, le délai d'appel et celui d'opposition, qu'il ne cumule pas comme au civil.

On ne devrait pas admettre à se servir du recours supérieur si l'on a négligé le recours inférieur. N'est-il pas défendu de se pourvoir en cassation contre un jugement duquel on n'a pas interjeté appel?

On ne comprend pas non plus pourquoi il est permis de se pourvoir par appel contre les ordonnances de référé. Si le président, en statuant, a commis un excès de pouvoir, son ordonnance est passible de cassation. Si non, il ne statue que provisoirement et n'ordonne que des mesures provisoires, tous droits réservés, et sans pouvoir prescrire une mesure irréparable.

Pourquoi un appel alors?

Enfin, lorsque les parties ont confié leur litige à un arbitre ou à des arbitres, ils ont constitué un tribunal de leur choix, un véritable jury qui est davantage leur œuvre que le jury ordinaire, puisqu'il n'émane point d'eux indirectement par voie d'élimination, mais directement par un choix complet. Dès lors, tous les motifs qui aboutissent à la suppression de l'appel quand le juge est un jury, doivent y conclure avec beaucoup plus de force, lorsque le juge est un arbitre. D'autant que par la possibilité de l'appel, tout le bienfait de l'arbitrage (célérité, économie, emploi des règles de l'équité) s'évanouit.

En ce qui concerne les exceptions, celle faite dans les litiges de l'enregistrement nous semble très juste pour les raisons sus-indiquées, mais rien ne justifie celles qui concernent les contributions directes et les indirectes. L'État ne doit pas avoir de privilège, si ce n'est quand il s'agit de l'exécution du jugement en raison de sa solvabilité plus grande et de ses règles de comptabilité, mais lorsqu'il apparaît devant les tribunaux, comme plaideur, il doit être traité comme les simples citoyens.

Les règles qui établissent au civil le premier et le dernier ressort en justice de paix sont bien simples, quoique ce qui concerne la compétence soit compliqué. Ici des principes antagonistes sont en présence; à côté de celui que nous venons de décrire, fondé sur l'importance pécuniaire du litige, il en apparaît un autre qui se base sur la nature de l'affaire. Il faut les énoncer et les critiquer successivement.

L'importance du litige, lorsqu'elle entre seule en compte, ne supprime l'appel qu'au-dessous de cent francs.

La nature du litige, lorsqu'elle entre seule en ligne de compte, rend l'appel possible, même au-dessous de cent francs, lorsqu'il s'agit des actions possessoires et de celles relatives aux entreprises sur les cours d'eau, des actions en bornage et de celles concernant les distances des plantations, des actions relatives aux travaux énoncés dans l'article 74 du Code civil, et des demandes en pension alimentaire.

Ainsi le dernier ressort n'existe jamais au-dessus de cent francs et certaines affaires sont passibles d'appel, même au-dessous, en raison de leur nature.

Cette fixation est très critiquable. A supposer qu'en 1838 le taux de cent francs pour le dernier ressort fût convenable, il équivaudrait comme valeur aujourd'hui à un taux d'au moins trois cents francs, la valeur de la monnaie s'étant dépréciée dans cette mesure et même au delà.

Mais ce taux lui-même n'est pas atteint dans les affaires spéciales que nous avons énumérées, et qui sont susceptibles d'appel, même au-dessous de cent francs. Cette limitation excessive du dernier ressort semble singulière. Lorsqu'il s'agit de bornage, par exemple, et qu'il n'y a pas de contestation sur la propriété, pourquoi ne pas statuer en dernier ressort jusqu'à cent francs? Cependant un motif sérieux existe; toutes ces demandes sont indéterminées et difficilement déterminables dans leur valeur. On ne peut donc que les rendre susceptibles d'être jugées en dernier ressort, quel que soit le chiffre ou bien limiter partout leur décision, en justice de paix, au premier ressort; c'est ce dernier parti qu'a pris le législateur.

N'aurait-il pas dû prendre le premier en ce qui concerne les actions possessoires?

La décision sur ces actions n'établit rien de définitif, ne règle que la possession provisoire de la propriété, et le juge du provisoire ne peut-il pas, ne doit-il pas même statuer en dernier ressort dans l'intérêt des plaideurs? C'est ce que nous avons pensé quand il s'est agi du référé. Il en est de même ici. Voilà pour la théorie; l'utilité pratique est dans le même sens. Le juge de paix qui est sur les lieux est le meilleur juge de ces actions; c'est en même temps le juge le plus économique.

Il peut sans grand déplacement visiter le terrain litigieux, supprimer l'expertise, ou, s'il ne la supprime pas, y assister. Le juge d'appel n'a plus devant lui que des constatations écrites, incomplètes, des plans; du reste, au delà du possessoire, il entrevoit le pétitoire qu'on y mêle habilement devant lui.

Il ne porte pas le même intérêt à l'affaire que le juge local. Si l'on accorde au juge de paix le droit de juger le possessoire en dernier ressort, le tribunal d'arrondissement conserverait son vrai rôle, qui est de juger le pétitoire.

Mais il faudrait dans ce but modifier les effets du possessoire en ce qui concerne la preuve au pétitoire. L'édification de cette théorie nouvelle nous entraînerait ici trop loin. Elle se lie à celle de la prescription et de la force probante des registres de publicité.

Nous ne parlons pas des attributions conférées au juge de paix par des lois spéciales; nous ne voulons tracer dans notre exposé et notre critique que les grandes lignes.

A côté de la juridiction des juges de paix se place un juridiction à peu près de même niveau, celle des prud'hommes. Leurs jugements sont en dernier ressort jusqu'à deux cents francs; par une disposition spéciale on ne peut appeler du jugement préparatoire ou interlocutoire avant le jugement définitif; l'appel se porte devant le Tribunal de commerce.

On peut ici critiquer l'appel pour deux motifs. L'importance du litige n'est jamais très considérable, et il y a un préliminaire de conciliation. D'autre part, surtout, il s'agit d'une sentence portée par les pairs des plaideurs, puisque le conseil se compose moitié de patrons, moitié d'ouvriers, cette constitution le rend analogue au jury ou aux arbitres. Le même motif général devrait donc interdire l'appel.

Nous avons maintenant à constater et à critiquer les règles de l'admissibilité de l'appel, en ce qui concerne les juridictions administratives. Ici, le principe est simple et sans exception. Sauf dans les cas où le Conseil d'État statue en même temps en premier et en dernier ressort, le tribunal administratif ne décide jamais que sauf appel. En privant les parties du tribunal de droit commun, le législateur n'a pas cru devoir leur refuser cette garantie. Nous n'avons point à discuter la question de savoir si la justice administrative doit être conservée, ou si l'on devrait établir l'unité de juridiction, en ne conservant que la justice judiciaire comme beaucoup de personnes le voudraient. Cette juridiction existe, toutes ses décisions doivent-elles être susceptibles d'appel ?

Nous ne le pensons pas, car c'est en maintenant les inconvénients de cette juridiction en supprimer les avantages, qui sont une justice prompte, peu coûteuse, rendue par des personnes ayant les connaissances techniques, ce qui dispense d'employer des experts. Telle est, du moins, l'idée théorique.

Si la juridiction du Conseil de préfecture connaît d'affaires très graves pour lesquelles l'appel est nécessaire, il connaît aussi d'affaires très minimes, comme les demandes en dégrèvement de cotes de contributions directes, et alors il semble bien qu'il devrait statuer en dernier ressort, aussi bien que le juge de paix, magistrat également révocable, qui statue ainsi jusqu'à cent francs.

Telle est la législation actuelle relative à la fixation du dernier ressort devant chaque juridiction. En l'exposant nous avons indiqué les critiques qu'elle soulève immédiatement; il s'agit maintenant de rechercher quelles améliorations législatives seraient possibles.

En faisant cette recherche, nous observerons cette règle de conserver par ailleurs la législation telle qu'elle existe. Sans doute, souvent la réforme dans une partie du droit en appelle une autre dans une autre partie plus ou moins solidaire de la première; mais cette réédification ou même cette réparation d'ensemble, nous entraînerait trop loin, elle peut présenter des dangers, et, en tout cas, ne serait qu'un obstacle à l'examen concentré du point qui nous occupe et à l'admission des améliorations spéciales.

III. — De l'extension qu'il y aurait lieu de donner au dernier ressort devant les diverses juridictions.

Nous avons à examiner ici successivement : 1° les exceptions à l'admissibilité de l'appel qu'il faut détruire ; 2° celles qu'il faut introduire; et cependant nous avons restreint notre rubrique à la seconde catégorie, parce que, suivant nous, la première est presque nulle. Sauf le cas isolé de l'absence de faculté d'appel en matière de contributions directes et indirectes que nous critiquons, nous admettons toutes les exceptions que la loi actuelle reconnait à la faculté d'appel. Il s'agira simplement ici de restreindre cette faculté.

En effet, l'appel, surtout en pratique, présente les inconvénients graves que nous avons signalés, et quoiqu'il doive être maintenu en principe, en raison de la garantie qu'il offre au plaideur, il doit disparaître toutes les fois qu'en raison de certaines circonstances cette garantie n'est plus nécessaire.

Pour connaître ces cas, il est nécessaire d'envisager successivement chaque ordre et chaque degré de juridiction, à savoir, d'un côté, le répressif, le civil, le commercial et l'administratif, d'autre côté la juridiction inférieure et la juridiction supérieure, la solution n'étant pas unique, mais dépendant des cas présentés. Cependant nous devons poser certains principes communs à toutes ces juridictions.

Premier principe. — Toutes les fois que le juge n'est pas un juge nommé, judiciairement supérieur aux parties et imposé, qu'il est au contraire le pair des parties, choisi directement ou indirectement par elles et volontaire, il ne doit pas y avoir lieu à appel, à quelque chiffre que puisse monter le litige.

Nous avons développé les raisons qui justifient ce principe et qui sont les suivantes :

1° Les parties ont accepté d'avance le jugement ; 2° la seconde sentence ne pourrait, à aucun titre, être considérée comme supérieure à la première, puisqu'un jury égale un jury ; un arbitre, autre arbitre ; 3° une telle juridiction est impersonnelle et mutuelle.

En vertu de ce principe, et conformément à ce qui existe déjà, les décisions de tous les jurys, soit ceux au criminel, soit ceux d'expropriation pour cause d'utilité publique, doivent être en dernier ressort, comme ils le sont.

En vertu du même, les décisions du Conseil de guerre ne sont pas non plus soumises à l'appel; en effet, ces conseils sont constitués d'une manière analogue au jury; ils renferment des militaires de différents grades et, par conséquent, des pairs de l'accusé autant que possible.

Mais l'application du principe doit être étendue au delà. On doit assimiler aux jurés les arbitres, car les motifs ci-dessus s'y appliquent à plus forte raison. Les arbitres sont choisis par les parties plus directement encore que les jurés; leur jugement est accepté d'avance d'une manière plus formelle. Ils doivent statuer sans recours. Est-ce à dire qu'il leur sera ainsi loisible de violer la loi sans aucun recours possible? Nullement. Mais il y a une voie de recours destinée à réprimer ces écarts : c'est la cassation; elle devra être seule employée.

On devra aussi assimiler aux jurés et aux arbitres les prud'hommes élus par les parties, et comprenant à la fois des ouvriers et des patrons; mais alors il faudrait accorder aux parties le droit de récusation péremptoire, car autrement l'élection n'équivaut pas au tirage au sort ou au choix personnel, et dans les jurys eux-mêmes cette récusation possible est necessaire pour que le tribunal soit véritablement volontaire.

Bien entendu, la violation de la loi donnerait ouverture à cassation.

Telles sont les conséquences forcées du principe, conséquences heureuses d'ailleurs, puisqu'elles restreignent la voie coûteuse et lente de l'appel.

On pourrait assimiler aussi aux jurys les tribunaux de commerce. Nous avons relevé plus haut l'inconvénient pour eux de l'appel qui est porté devant des juges d'ordre différent, puisque ceux-ci ne sont plus ni commerçants ni élus. D'un autre côté, on ne pourrait que difficilement porter l'appel devant d'autres commerçants élus qui ne seraient pas supérieurs aux premiers et dont la décision, par conséquent, ne saurait avoir plus d'autorité morale, à moins que cette élection ne se fît sur une sélection spéciale.

La juridiction consulaire ressemble beaucoup aux jurys; cependant il n'y a ni tirage au sort ni récusation; l'élection n'est pas équivalente. Peut-être pourrait-on trouver ces tribunaux assez assimilés aux jurys pour la suppression de l'appel si l'on introduisait le droit de récusation péremptoire. En tout cas, les jugements en cas de violation de la loi et des formes resteraient soumis à cassation.

Si l'application du jury devenait plus étendue, la faculté d'appeler serait encore restreinte. On a agité la question de savoir si les tribunaux correctionnels ne devraient pas être remplacés par des jurys correctionnels. Nous n'avons pas à envisager ici cette question. Mais si elle était décidée dans le sens de l'affirmative, l'appel au correctionnel serait supprimé par voie de conséquence.

De même, si conformément à ce qui a lieu en Allemagne pour les tribunaux d'échevins, le juge de paix jugeait au répressif avec l'assistance d'un petit jury, il n'y aurait plus lieu à l'appel.

En réunissant ces hypothèses, l'appel disparaîtrait partout au répressif.

Deuxième principe. — Toutes les fois qu'un litige comporte plusieurs jugements dont l'un ou plusieurs concernent l'instruction nécessaire pour parvenir au dernier, aucun de ces jugements préparatoires ou interlocutoires ne doit lier le juge; les mesures d'instruction ordonnées le seraient de plein droit, tous droits réservés, même quant à l'admissibilité du mode d'instruction; on ne doit pouvoir interjeter appel qu'après le dernier jugement.

Il est reconnu actuellement que le juge reste libre, malgré l'interlocutoire, et cependant en droit français on peut appeler de l'interlocutoire avant le jugement définitif; cette règle est tempérée, il est vrai, par cette idée admise que, lorsque le juge a statué tous droits réservés, il convertit l'interlocutoire en préparatoire, et d'ailleurs on prétend justifier cette règle en ce sens que si l'interlocutoire est réformé, on se sera épargné des frais et des lenteurs inutiles.

Presque toutes les législations étrangères interdisent l'appel de l'interlocutoire avant le jugement définitif. Il y a là une grande économie de temps et de frais. Cependant, si la décision interlocutoire était contraire à la loi, ou contenait violation des formes, si par exemple elle admettait la preuve testimoniale dans le cas où elle est interdite, il y aurait tout avantage à ne pas procéder à des apurements qui ne pourraient servir. Alors on pourra attaquer immédiatement l'interlocutoire, mais par la voie naturelle quand il s'agit du droit, par la cassation.

Troisième principe. — Il ne doit y avoir, autant que possible, que deux degrés de juridiction et, par conséquent, lorsqu'il s'agit d'une question de droit sans question de fait connexe, la cassation peut remplacer l'appel, *omisso medio.*

Le principe ci-dessus n'est pas nié dans son essence. A mesure que l'évolution s'avance, les degrés infinis de juridiction se restreignent de plus en plus et, autant que possible, la même affaire n'est jugée que deux fois. Cependant, un autre principe fait échec à celui-ci. Il faut établir sur tout le territoire l'unité de jurisprudence, et une seule Cour doit juger, par toute la France, souverainement les questions de droit. Il en résulte que, si la question a été jugée en deuxième instance par la Cour d'appel, elle n'en doit pas moins l'être encore une fois par la Cour régulatrice suprême.

Les conséquences de ce principe, malgré celui interférent de l'unité de jurisprudence, sont même admises sporadiquement. C'est ainsi qu'en matière d'enregistrement, les litiges soulèvent principalement des questions de droit et, en conséquence, l'appel est supprimé et remplacé par la cassation.

C'est ainsi encore, et ce point est bien remarquable, que pour les décisions des tribunaux administratifs, l'appel et la cassation se confondent. Mais l'état actuel du droit ne va pas au delà, et cependant il nous semblerait juste d'universaliser le principe. Toutes les fois qu'un jugement n'est attaqué que pour un motif de droit, au lieu de déférer ce motif d'abord à la Cour d'appel, puis à la Cour de cassation, il nous semblerait plus pratique de saisir la Cour de cassation directement. Si elle cassait le jugement, elle renverrait devant un tribunal du même ressort. Si la Cour d'appel était dans ce cas indûment saisie d'un appel, elle renverrait d'office devant la Cour de cassation. En d'autres termes, la Cour de cassation deviendrait le seul juge d'appel du droit dans ce cas.

Il est vrai que, quand l'erreur de droit serait relevée dans l'arrêt de la cour lui-même, il faudrait bien venir en troisième instance devant la Cour de cassation, mais ce résultat est alors inévitable, il provient de l'interférence des deux principes : celui de la restriction à deux degrés de juridiction, celui de l'uniformité de la jurisprudence.

Quatrième principe. — On ne doit faire usage du mode de recours supérieur que lorsqu'on a fait usage du mode de recours inférieur. Si l'on cumulait tous les délais accordés pour les modes de recours, on arriverait à un délai total formidable, au grand détriment des plaideurs eux-mêmes. Du reste, l'abandon des voies de recours intermédiaires indique combien peu on avait confiance dans son droit. Aussi, presque toutes les législations interdisent l'appel au défaillant qui a négligé de faire opposition. C'est ce que décidait déjà le droit romain. Le Code de procédure allemand est conforme. En France même, mais au répressif seulement, le délai d'appel court pendant le délai d'opposition.

En ce qui concerne le concours de l'appel et de la cassation au civil, le droit français est dans le même sens. On ne pourra recourir en cassation contre un jugement en premier ressort si ce jugement n'a pas été déféré d'abord en appel.

C'est ce principe qu'il faut généraliser. L'appel ne devrait être admis que contre un jugement contradictoire.

Cinquième principe. — Il ne doit y avoir de double degré de juridiction que contre les jugements définitifs et non contre les jugements provisoires. Le jugement provisoire constate seulement un état de fait, et rend une décision contre laquelle il n'y a pas besoin d'appeler pour modifier les droits des parties qui en résultent; il suffit de faire statuer cette fois définitivement. La sentence provisoire n'a d'effet que jusqu'à la définitive, et il importe de faire durer le moins longtemps possible cet effet transitoire; au contraire, on le prolonge si l'on admet l'appel du provisoire.

Nous qualifions de provisoire, à ce point de vue, non seulement les jugements qui accordent une pension ou une provision *ad litem*, mais aussi ceux qui ne statuent qu'en attendant la décision au principal.

Tout d'abord, les ordonnances de référé, soit qu'elles aboutissent à faire constater un état de fait, soit qu'elles prescrivent des travaux urgents. Dans ces deux cas, il n'y a pas de préjudice; au contraire, il y en a dans les délais d'appel. S'il y a violation de la loi ou incompétence, on pourra agir par voie de cassation; si l'on craint un préjudice de fait, on pourra demander un référé, toutes affaires cessantes, par le tribunal tout entier.

Puis les actions possessoires. Notre règle serait : le possessoire au juge de paix sans appel, le pétitoire au tribunal d'arrondissement. Le possessoire n'est qu'un provisoire *sui generis*. Nous savons cependant qu'il existe une objection : le possessoire indique sur qui doit peser le fardeau de la preuve. Précisément nous ne lui accorderions pas cette conséquence; la décision possessoire maintiendrait, ou rétablirait en possession, voilà tout; le fardeau de la preuve incomberait au revendiquant.

Cependant, nous ne nierons pas l'influence qu'en fait le possessoire peut avoir sur le pétitoire, parce que celui maintenu en possession n'a pas besoin de revendiquer, et par conséquent n'a plus à faire de preuve. D'autre part, les actions possessoires sont très difficiles, et beaucoup de jugements de juges de paix sont réformés en cette matière. Il serait donc peut-être préférable de soustraire le possessoire à la juridiction des juges de paix, et de le porter de *plano* au tribunal d'arrondissement. Celui-ci pourrait statuer à la fois sur le possessoire et le pétitoire, ou rendre sur le possessoire un jugement qui ne serait *susceptible d'appel* qu'en même temps que celui sur le pétitoire. On peut objecter que ce tribunal est éloigné, tandis que le juge de paix est rapproché. Il faut répondre que le juge de paix lui-même ne juge d'ordinaire que sur expertise, et que le tribunal jugeant en appel du possessoire ne se rend pas sur les lieux et cependant a le pouvoir d'infirmer.

Sixième principe. — Le premier et le dernier ressort doivent dépendre plutôt de la nature de l'affaire que de son évaluation.

La fixation, d'après la valeur pécuniaire du litige, présente de nombreux inconvénients. En droit français, cette valeur penche du côté du premier ressort *lorsqu'elle est indéterminée*; or elle l'est souvent. D'autre côté, une valeur peu importante dans telle situation de fortune le devient dans telle autre; la valeur est toute subjective, et cependant si elle base le dernier ressort on ne peut l'apprécier que d'une manière objective.

Puis la fixation se fait tantôt d'après la demande du demandeur, tantôt d'après celle du défendeur, tantôt d'après la condamnation du juge (simple police). Il dépend donc tantôt de la volonté d'une des deux parties, tantôt de celle du juge de rendre un jugement en premier ou en dernier ressort; voilà un criterium bien arbitraire; il suffit de hausser le chiffre des dommages-intérêts réclamés ou de l'abaisser de quelques francs. La détermination, d'après la nature de l'affaire, est bien plus fixe et impersonnelle. Voici une cause qui met en jeu l'honneur ou l'état de famille d'une des parties: elle devra n'être qu'en premier ressort; en voici une autre qui n'intéresse que les revenus sans entamer le capital: elle sera en dernier ressort. Cependant, nous ne rejetterions pas entièrement l'autre criterium, mais il serait subordonné au premier.

Septième principe. — En admettant le criterium de la valeur du litige, il doit s'agir de la valeur réelle et non de celle majorée par les parties pour échapper au dernier ressort, et la valeur indéterminée doit devenir déterminable.

Nous avons relevé l'inconvénient qui résulte de ce qu'il est laissé à la volonté des parties de convertir le dernier ressort en premier. Il serait, croyons-nous, possible de fixer la valeur du litige en dehors de toute appréciation purement subjective.

La Cour d'appel, saisie de l'appel d'un jugement mal qualifié en dernier ressort, peut, néanmoins, admettre cet appel en changeant la qualification. Par contre, quand le jugement mal qualifié en premier ressort était en réalité en dernier, elle peut aussi rectifier ce point. C'est une attribution analogue que nous lui donnerions ici, et que le tribunal aurait lui-même. Le premier ou dernier ressort serait apprécié par le tribunal en dehors de l'estimation fixée par l'assignation ou les dernières conclusions, et cette appréciation serait soumise, le cas échéant, au contrôle de la Cour.

Huitième principe. — L'importance de la condamnation prononcée par le juge pourrait servir dans certains cas de criterium au répressif, mais seulement quand le fait serait avoué et qu'il s'agirait de l'application de la peine.

L'innocence d'un condamné est inappréciable; c'est une question d'honneur qui doit toujours, sauf quelques exceptions établies plus tard et qui tiennent précisément à ce que l'honneur était dès auparavant diminué, ouvrir la possibilité d'un appel. Mais il en est autrement quand il s'agit seulement de l'application de la peine; alors, si celle-ci est minime, il est possible d'interdire ce recours; il dépendra, il est vrai, du juge de rendre son jugement inattaquable, mais le condamné en bénéficiera, puisqu'il aura obtenu ainsi une peine plus douce.

Neuvième principe. — Ce n'est pas seulement le chiffre de la condamnation répressive, c'est aussi sa nature qui peut décider du premier ou du dernier ressort. On concevrait parfaitement une législation qui accorderait toujours l'appel lorsque la condamnation serait l'emprisonnement ou une autre peine corporelle, et qui le refuserait toujours lorsqu'il ne s'agirait que d'une simple amende. Sans doute, l'application de ce principe serait une règle insuffisante, car on peut n'être condamné qu'à l'amende pour des faits infamants, mais elle peut entrer en ligne de compte.

Dixième principe. — Le caractère, infamant ou non, de l'infraction peut être pris en considération en matière répressive. C'est ainsi qu'on pourrait décider que les délits-contraventions, par exemple, les délits de chasse, ne donnent pas lieu à appel, toutes les fois qu'une peine pécuniaire a seule été prononcée.

Nous n'admettrions, bien entendu, ce principe que combiné avec les autres, mais nous devons le formuler séparément.

Onzième principe. — Lorsqu'on doit examiner législativement si une affaire doit être jugée en premier ou dernier ressort, on peut se préoccuper de savoir si c'est le droit lui-même qui est contesté, ou s'il ne s'agit que de l'évaluation de ce droit, ou de l'application de la peine.

Cette distinction est déjà faite dans plus d'une législation.

En Autriche, comme nous l'avons dit, le nouveau Code d'instruction criminelle étend l'appel même aux décisions des cours d'assises, mais il ne l'admet nulle part au répressif que sur l'application de la peine et l'exclut sur la question de culpabilité; il est vrai que cela tient à ce que la culpabilité est déclarée par le jury.

En Angleterre, pour qu'il y ait lieu à l'appel, il faut, au contraire, qu'on ait plaidé non coupable.

Dans notre droit lui-même, en matière criminelle, la déclaration de culpabilité et l'application de la peine appartiennent à deux juges différents, mais l'appel n'est pas admis, comme en Autriche, contre celle des deux décisions qui émane de la magistrature.

Si l'on fait abstraction de l'existence ou non du jury, nous pensons qu'en thèse, l'appel doit être bien plus facilement admis quand il s'agit de la culpabilité; c'est ce que nous avons établi à propos du huitième principe.

Il en est de même quand il s'agit, au civil, de l'existence d'un droit; on doit plus facilement admettre l'appel que s'il s'agissait seulement de son estimation. Le juge d'appel n'est pas plus éclairé sur ce dernier point que celui de première instance, car l'évaluation, ou reste tout à fait arbitraire, ou se détermine d'après expertise.

Douzième principe. — Il y a lieu de tenir compte pour la fixation législative du premier et du dernier ressort, au répressif, de la moralité générale de l'inculpé; le délit commis par une personne qui n'a jamais été condamnée, doit, en thèse, subir un second examen, tandis que pour le récidiviste, la présomption de culpabilité est plus forte, et l'appel peut être supprimé dans certaines limites.

Nous avons signalé le cas de récidivistes qui appellent à tout propos, tandis que ceux qui ont des motifs sérieux d'appeler ne le font qu'après réflexion.

Sans doute, le récidiviste a droit à justice, comme tout autre, mais une présomption de culpabilité s'élève en fait contre lui, et si la peine prononcée n'est pas trop considérable, nous estimons qu'il y a lieu de ne pas lui accorder l'appel; si, au contraire, la peine dépasse certaines limites, le droit d'appel renaîtra.

Treizième principe. — Lorsqu'il s'agit d'une infraction n'entraînant pas de dommage actuel, mais seulement la possibilité d'un dommage plus ou moins direct, et, par conséquent, d'une incrimination purement préventive, il n'y a pas lieu à l'appel, aucune criminalité morale ne se trouvant en cause, à moins que la peine ne soit excessive.

Nous devons donner des exemples. Il s'agit surtout des délits de vagabondage et de mendicité; ils n'impliquent point de vraie culpabilité morale; la loi ne les défend qu'en raison des dangers qu'ils font naître. Nous avons vu les abus auxquels, dans ce cas, l'appel donne lieu. En théorie même, il n'a pas de raison d'être en réalité, car alors le jugement ne déclare pas l'acte coupable, mais dangereux, et, pour ce motif, prononce une peine.

On peut en dire autant d'autres délits, mais seulement dans une certaine mesure, par exemple, de l'ivresse manifeste, du bris de clôture. Il y a là, en partie au moins, et en raison de la sévérité des peines dans le second cas, des incriminations en partie répressives, mais en partie seulement préventives.

Tels sont les principes que nous croyons vrais et qui devraient dominer la question de la limite du dernier ressort. Il nous reste à en chercher l'application concrète aux diverses juridictions.

A. — En matière répressive

1. — Appel des Tribunaux correctionnels

Dans le droit actuel, tous ces jugements sont passibles d'appel ; nous admettrons de nombreuses exceptions.

I. — D'abord tous les délits-contraventions, délits de pêche, de chasse et autres, auxquels ne s'attache aucune infamie, seraient sans appel, lorsque la peine d'emprisonnement ne serait pas prononcée. Si l'action civile était exercée en même temps que l'action publique, l'appel ne serait admis que sur le chiffre des dommages-intérêts lorsque ce chiffre excéderait la compétence des tribunaux civils jugeant civilement.

Il serait facile de faire une nomenclature de ces délits; elle ne serait que provisoire. Il y aurait lieu d'y joindre tous ceux qui possèdent ce caractère; à ce point de vue, il faudrait consulter l'opinion publique, même dans ses opinions erronées.

C'est ainsi que toutes les contraventions fiscales, que les

infractions par les citoyens à l'obligation de payer l'impôt direct ou indirect, les fausses déclarations, les dissimulations dans ce but, quoiqu'elles aient pour résultat, soit de frustrer l'État, soit de faire retomber les charges sur d'autres citoyens, doivent être considérées comme des délits-contraventions, pourvu, toutefois, qu'une peine d'emprisonnement n'ait pas été prononcée, et que les dommages-intérêts alloués à l'État, soit directement, soit sous forme d'amendes, n'atteignent pas le taux du dernier ressort civil.

On doit encore assimiler aux délits-contraventions ceux qui consistent dans les négligences des officiers ministériels ou des fonctionnaires relativement au détail de leurs obligations professionnelles, par exemple, contre les officiers de l'état-civil, pour omissions dans la tenue de leur registre, contre les notaires pour défaut de tenue régulière des répertoires, etc.; quelques-unes de ces contraventions ne donnent pas lieu aujourd'hui, il est vrai, à des condamnations, mais à des amendes perçues amiablement, mais pour d'autres il faut une condamnation.

Toutes ces classes d'infractions ont ce point de commun de ne pas entraîner la réprobation publique, par conséquent de ne pas entacher l'honneur du condamné. Donc, sous la double condition ci-dessus, elles peuvent être jugées en dernier ressort.

En voici la liste provisoire :

Première classe. — 1° Délits de chasse. — 2° Délits de pêche. — 3° Délits de presse, quand ils sont purement matériels et consistent dans l'inobservation de formalités. — 4° Délits d'exercice illégal de la médecine et de la pharmacie. — 5° Ceux contre la police de roulage. — 6° Ceux relatifs aux poids et mesures, en l'absence d'intention frauduleuse. — 7° Les délits forestiers. — 8° Le passage sans violence sur le terrain d'autrui. — 9° Le bris de clôture. — 10° Les contraventions à la police de la voirie, quand elles sont de la compétence de la justice judiciaire.— 11° Une partie des délits ruraux.

Deuxième classe. — Les délits fiscaux en matière : 1° d'enregistrement. — 2° De timbre. — 3° De mutation entre vifs ou par décès. — 4° De douane, d'octroi et de contributions indirectes.

Troisième classe. — Les contraventions disciplinaires contre les notaires, les greffiers, les officiers de l'état-civil, etc.

Dans tous ces cas, l'intention criminelle proprement dite fait défaut, il n'y a qu'un fait matériel.

II. — La deuxième exception concernerait les délits préventifs. Nous entendons par là, les faits illicites qui ne sont pas directement dommageables, et qui n'ont été interdits que parce qu'ils sont dangereux. C'est ainsi que suspendre aux fenêtres un objet dont la chute peut blesser n'est pas dommageable, mais il peut l'être facilement, aussi la loi le punit.

Nous ne prenons ce fait qu'à titre d'exemple, car il est du ressort des justices de paix. Dans les délits correctionnels on peut signaler, avec le même caractère, le vagabondage et la mendicité. Ils n'ont rien de moralement répréhensible, la mendicité surtout; ils ne sont punissables qu'au point de vue de la sécurité sociale, parce qu'ils peuvent entraîner à des actes dangereux. Ils devraient même faire l'objet d'un casier judiciaire spécial, ou d'une partie spéciale de ce casier, tandis qu'à l'opposite, une contre-partie serait consacrée aux délits de chasse, etc.

Nous pensons que ces délits, purement préventifs, au lieu d'être véritablement répressifs, ce qui, par ailleurs, exigerait une peine plus topique que celle qui leur est actuellement appliquée, devraient être jugés sans appel, dans une certaine limite tout au moins, même quand la peine appliquée serait corporelle.

Nous avons vu quel est en pratique l'inconvénient pour ces genres de délit. Les vagabonds et les mendiants sont presque toujours en récidive spéciale, affligés de nombreuses condamnations pour ces délits qui très souvent alternent avec le vol, les outrages aux agents, le bris de clôture, la filouterie d'aliments, l'ivresse manifeste. Sans doute ils ont droit à pleine justice comme tout le monde, mais il faut envisager pratiquement des délits aussi habituels. Ces prévenus abusent du droit d'appeler, le faisant sans motif sérieux, pour profiter de l'incertitude de l'application de la peine légale, ce qui occasionne des frais considérables et nuisibles ; ils en sont privés par un appel *à minimâ* qui devient alors un appel *ab irato.* Il serait préférable à ce point de vue de les juger sans appel.

Cependant nous n'admettrons cette mesure utile, mais qui prive d'une garantie, que dans certaines conditions. Celui qui est poursuivi pour la première fois pour mendicité, par exemple, ou pour vagabondage, a un intérêt très vif à ne pas être classé dans cette catégorie; s'il ne le fait, il devra conserver le droit d'appel. Mais s'il y a récidive, son classement a déjà été fait par la première condamnation, et il n'a plus qu'un intérêt matériel à ne pas subir sa peine. Cependant, si la peine prononcée était trop considérable, son droit à l'appel devrait renaître. On pourrait établir, pour règle, que toutes les fois que la condamnation ne dépassera pas en ces matières le quart du maximum de la peine légale, elle sera en dernier ressort.

Nous attachons une grande importance à ce fait qu'il s'agit d'une première condamnation ou d'une condamnation ultérieure sur le délit en question. En effet, l'habitude d'un délit, comme nous l'avons dit, entraîne naturellement une sorte de présomption de ce délit.

Les délits préventifs ne comprennent pas seulement le vagabondage et la mendicité, mais aussi tous ceux dans lesquels il n'y a pas de dommage actuel. En voici la liste provisoire : le vagabondage, la mendicité, le port d'armes prohibées, le recel de malfaiteur, les réunions illicites, l'évasion des détenus, la rupture de ban, l'ivresse manifeste.

On devrait, suivant nous, y joindre, pour cause de connexité, certains délits qui renferment, il est vrai, le dommage actuel, au moins moral, mais qui sont ordinairement commis par des vagabonds, des mendiants ou des repris de justice accessoirement aux autres délits, par exemple, le bris de clôture, l'outrage à agents, les voies de fait, pourvu qu'elles ne dégénèrent pas en blessures graves, toutes les fois, tout au moins, qu'il y a connexité actuelle. Pour qui a l'habitude des débats correctionnels, il est constant que ces délits s'accompagnent très souvent, et accompagnent les autres ci-dessus énoncés. Ils sont jugés en même temps, il serait utile de les soumettre à une règle commune, quant au dernier ressort. Il en est de même de la filouterie d'aliments.

III. — La troisième exception serait plus générale ; elle s'appliquerait à tous les délits et concernerait les récidivistes qui le sont d'une manière évidente. Ceux qui auraient été condamnés déjà trois fois pour le même délit ne pourraient, après la quatrième condamnation pour le même ou pour un délit connexe, interjeter appel, si ce n'est lorsque la peine prononcée dépasserait la moitié du maximum légal, calculé d'après les lois de la récidive et cela qu'ils plaident ou qu'ils ne plaident pas *non coupable*. Ces appels n'ont presque jamais de raison d'être. Cependant, pour un motif que l'on comprend, les condamnations pour outrages envers les magistrats à l'audience resteraient soumises à l'appel, parce qu'il ne faut pas que l'impartialité des premiers juges puisse être soupçonnée.

IV. — La dernière exception serait plus générale encore; en dehors des cas ci-dessus, tout prévenu aurait le droit d'appeler de la condamnation, s'il a plaidé *non coupable,* quelle que soit la peine qui ait été prononcée, même une simple amende, puisqu'il s'agit d'une question d'honneur.

Mais s'il n'a pas plaidé *non coupable*, en d'autres termes, s'il a avoué le fait et l'intention, et s'il ne s'agissait en première instance que de l'application de la peine, il n'aura pas le droit d'appeler de cette application, lorsque la peine prononcée est une simple amende; en outre, s'il avait déjà subi une peine de prison précédemment, il n'aura pas le droit d'appeler, lorsque le nouvel emprisonnement prononcé ne dépasse pas quinze jours.

Lorsqu'une action civile se joint à l'action publique (ce qui a lieu surtout en cas de coups ou injures), le jugement sur l'action publique restera soumis aux règles ci-dessus. Quant à l'action civile, elle y sera soumise aussi, en ce qui concerne l'existence du délit, mais quant aux chiffres des dommages-intérêts, le jugement donnera lieu ou non à appel, suivant qu'il dépassera ou ne dépassera pas le taux civil de la première instance.

Lorsqu'une question de droit se présentera nettement dans une affaire correctionnelle et devra être résolue par le tribunal, elle n'ouvrira pas le recours en appel, si ce recours est empêché par l'application des règles ci-dessus, mais seulement le recours en cassation.

L'appel se trouvera ainsi supprimé quant aux jugements correctionnels dans les trois quarts des cas.

Nous n'avons pas besoin de rappeler que, si le jury était institué en matière correctionnelle, l'appel y serait supprimé entièrement; c'est même un des arguments qu'on peut faire valoir au profit de cette introduction.

II. — *Appel des jugements de simple police.*

Ici, quoique nous veuillons ne nous occuper que du règlement du dernier ressort, et ne pas rendre les améliorations que nous proposons solidaires d'autres relatives à des sujets étrangers, nous ne pouvons nous empêcher de remarquer, qu'en l'état, le droit conféré aux juges de paix de prononcer l'emprisonnement nous semble excessif.

Une loi relativement récente, celle de 1873, sur l'ivresse

manifeste, l'a bien compris ; d'après elle, le juge de paix est d'abord compétent, mais quand il y a nouvelle récidive et qu'il y a lieu d'infliger une peine plus grave, la compétence passe au tribunal correctionnel. Il devrait en être toujours ainsi. Nous proposons donc de réserver au tribunal d'arrondissement l'application de l'emprisonnement et de ne mettre entre les mains des juges de paix que la peine d'amende.

Dans ce cas, en raison en même temps de cette circonstance que les faits punissables en justice de paix sont matériels, ou peu graves, qu'ils n'entachent en tout cas nullement l'honorabilité, nous abolissons la distinction établie par notre Code entre l'amende supérieure et celle inférieure à cinq francs. Nous interdirions dans tous les cas l'appel. C'est ce que décidait le Code de Brumaire de l'an IV.

Il est vrai qu'il est question d'augmenter les attributions des juges de paix, et que cette mesure s'étendrait au juge de simple police; il est vrai aussi que nous ne verrions que des avantages à lui confier le jugement de certains délits, des délits-contraventions, en particulier, et même des délits à peines préventives, sous certaines conditions; mais nous ne devons pas raisonner dans ces hypothèses, ne considérant que les changements à introduire dans l'appel, toutes les autres parties du droit restant fixes; d'ailleurs, si la compétence répressive du juge de paix était élargie, elle ne devrait l'être qu'avec adjonction d'un petit jury, comme dans les tribunaux de bailliage allemands.

B. — En matière civile.

I. — *Appel des jugements du tribunal d'arrondissement.*

Un seul principe forme la base des exceptions à la règle de l'appel, l'importance de la demande.

Les exceptions sont fondées : 1° sur l'existence d'un jury; 2° sur la fréquence des questions de droit (matières d'enregistrement) et, par conséquent, sur la nature de la cause, et sur le privilège de l'État (contributions directes et indirectes).

En sens contraire, certaines causes sont toujours sujettes à l'appel, en raison de leur nature.

Ce sont : 1° les questions d'état; 2° celles de naturalisation; 3° celles de compétence; 4° celles de faux incident, de vérification d'écriture; 5° celles de récusation. Nous les avons étudiées dans notre critique.

Nous pensons qu'il y a lieu de maintenir le dernier ressort

en matière d'enregistrement, d'expropriation pour cause d'utilité publique, qu'il y a lieu, au contraire, d'abolir celle relative aux contributions directes et indirectes.

Nous croyons d'autre part, qu'on doit maintenir le premier ressort, quelle que soit la somme de l'intérêt en litige, pour les questions d'état, de mariage et de nationalité et pour le faux et la récusation, mais qu'il y a lieu de le supprimer pour la compétence et la vérification d'écriture, qui doivent suivre la règle de l'action principale.

En conséquence, l'appel serait de droit en matière de jugements émanés du tribunal civil, mais, par exception, le jugement serait en dernier ressort dans les cas suivants :

1° Tout jugement allouant des condamnations à une somme inférieure à trois mille francs serait en dernier ressort, à moins que l'une des parties n'ait demandé dans ses conclusions une somme supérieure et que cette demande corresponde à la véritable valeur de la somme en litige.

Cette règle nouvelle contient plusieurs parties bien distinctes : 1° le taux est porté de mille cinq cents francs en principal à trois mille francs, ce qui n'est pas une élévation réelle, les mille cinq cents francs de 1838 étant à peine représentés par les trois mille francs d'aujourd'hui; 2° il en est de même en ce qui concerne les meubles et les immeubles, le revenu immobilier sera capitalisé au denier vingt-cinq; 3° les demandes indéterminées n'échapperont pas pour cela au dernier ressort, quelque minimes qu'elles soient, le jugement en déterminera la valeur et, suivant cette déclaration, se fixera le premier ou le dernier ressort, sauf revision par la Cour d'appel sur ce point, s'il est contesté, mais il le sera rarement, car les parties s'exposeraient à des frais inutiles; 4° le criterium direct ne sera plus le chiffre de la demande, mais celui de la véritable valeur du litige, et ce chiffre sera présumé être celui de la condamnation; cependant, il peut y avoir controverse sur ce point, et le véritable intérêt est peut-être celui de la demande; le demandeur sera admis à le prouver devant la Cour d'appel, et alors l'appel sera recevable; 5° quant au défendeur condamné, il ne sera pas admis à appeler, s'il n'est condamné qu'à une somme inférieure à trois mille francs.

De même, le demandeur ne pourra appeler que si la somme dont il est débouté sur la question de sa demande est supérieure à trois mille francs, car autrement il ne succombe que pour une somme inférieure. Par exemple, s'il a demandé sept mille francs et que le juge lui accorde quatre mille cent francs, il ne pourra appeler pour le surplus.

De même, le défendeur ne le pourra, si, poursuivi en paiement de sept mille francs, il n'est condamué qu'à deux mille cinq cents francs, bien entendu, sous toute réserve de l'appel incident.

En résumé, pour pouvoir appeler, il faudra être condamné à une valeur de plus de trois mille francs ou débouté d'une valeur de plus de trois mille francs et même, dans ce cas, l'appel ne sera pas recevable, s'il est déclaré par la sentence que l'intérêt litigieux était reellement inferieur à cette somme, sauf réformation de ce point, s'il est contesté, par la Cour.

2° Tous les jugements qui sont attaqués parce qu'ils contiennent une violation de la loi, peuvent l'être directement par la voie de la cassation, sans qu'on recoure préalablement à l'appel ; la Cour de Cassation, soit qu'elle maintienne, soit qu'elle casse, devra renvoyer au tribunal qui a rendu le jugement et ce tribunal devra se conformer, sur ce point, à l'arrêt de la Cour suprême. Si les parties ont choisi la voie de l'appel, la Cour d'appel doit se dessaisir et renvoyer devant la Cour de Cassation si tout l'appel repose sur un point de droit.

Les procès d'enregistrement se fondant sur un point de droit doivent être soumis immédiatement, comme dans le droit actuel, à la Cour de Cassation; si pourtant il s'agit d'une insuffisance de déclaration, laquelle ne soulève que des questions de fait, le proces devra suivre la voie ordinaire.

3° Les jugements rendus au civil par un jury sont en dernier ressort. Ce point n'est que la confirmation du droit actuel.

Si la juridiction du jury venait à s'étendre en matière civile, les cas de dernier ressort deviendraient plus nombreux.

4° Les jugements, soit préparatoires, soit interlocutoires, ne seront susceptibles d'appel, qu'après le jugement définitif et avec lui.

Cependant, s'ils renfermaient une violation de la loi ou des formes, ils seraient passibles de recours en Cassation immédiat.

5° Celui qui a laissé passer les délais d'opposition sans employer cette voie de recours contre un jugement par défaut, ne pourra en appeler.

6° Toute demande non contestée en première instance ne pourra faire l'objet d'appel de la part du défendeur. Il en est ainsi, par exemple, s'il s'agit d'une dette pour laquelle on s'est contenté de demander un délai de grâce.

7° Les ordonnances de référé ne sont pas susceptibles d'appel, mais seulement de cassation, lorsqu'il y a violation de la loi, ou excès de pouvoir, ou de recours devant le tribunal entier quand l'urgence est déniée.

8° Les jugements d'arbitres sont toujours rendus en dernier ressort, sauf recours en cassation.

Nous ne justifions pas ici toutes ces décisions, en ayant déjà donné les motifs.

9° La résiliation d'un contrat fondée sur une inexécution non contestée, en particulier, celle d'un bail, pour non paiement non contesté, sera prononcée en dernier ressort

10° Il en sera de même des actes de juridiction non contentieuse du tribunal, s'il n'y a pas eu contestation en première instance.

11° Nous croyons devoir établir un cas important de dernier ressort fondé sur la nature de l'affaire. Il faut suivant nous, établir une distinction essentielle entre les capitaux et les revenus, lorsqu'il ne s'agit de ceux-ci que pour l'année en cours et les années passées, non pour les années futures, et que le droit n'est pas contesté. Cette distinction est faite d'une manière très nette par le droit actuel, lorsqu'il s'agit de la prescription. Toutes les annuités se prescrivent par un temps très court. C'est cette idée que nous voudrions généraliser et transporter ici.

Il s'agit, par exemple, des intérêts d'un prêt; s'il n'y a pas de contestation sur la dette de ces intérêts et leur non-paiement, cela rentre dans une des exceptions que nous venons d'établir. Si le prêt lui-même est contesté, nous restons dans le droit commun; mais si l'on prétend que ces intérêts ont été payés, ou compensés, nous croyons qu'à quelque chiffre qu'atteignent ces intérêts, le jugement doit être en dernier ressort.

Tout d'abord, ces sommes ne sont jamais considérables; en tout cas, elles se limitent en droit à cinq ans, en fait à une ou deux années, elles n'engagent pas le capital et rarement plus d'une fraction du revenu, enfin, la preuve n'a pas dépéri, elle est facile et simple.

Il en est de même s'il s'agit des fermages ou des arrérages d'une rente, ou du prix du salaire journalier ou mensuel.

Beaucoup de petits procès se termineront ainsi de suite; il n'y aura plus lieu de calculer les revenus accumulés; c'est dans ces litiges surtout que la mauvaise foi se fait jour, l'absence d'appel y coupera court; enfin, la plus grande célérité est désirable, puisqu'il s'agit de valeurs dont on a besoin immédiatement pour vivre. A plus forte raison, en est-il ainsi, quand il s'agit de pensions alimentaires, quant aux arrérages.

Il y aurait lieu d'assimiler aux revenus des dettes, les dettes qui elles-mêmes consistent en des annuités correspondant aux besoins journaliers, et nous puiserions notre liste dans les articles 2271, 2272 et 2273 du Code civil relatifs à la prescription.

Ainsi seraient jugées en dernier ressort les actions des hôteliers pour le logement et la fourniture, des ouvriers pour leurs journées, des médecins pour leurs soins, des marchands pour leurs marchandises au détail, des maîtres de pension, des officiers ministériels pour leurs frais. Il est vrai que quelques-unes rentrent dans la compétence du juge de paix, mais nous ne voulons pas scinder cet ordre d'idées. Le dernier ressort sera un mobile pour ne pas laisser s'accumuler ces petites dettes, accumulation nuisible tant au débiteur qu'au créancier.

12° Enfin les jugements de vérification d'écriture ou statuant sur un incident ne seraient susceptibles d'appel que quand le litige principal est lui-même en premier ressort.

Il en serait de même de l'incompétence *ratione personæ*. Quant à celle *ratione materiæ* elle devrait pouvoir être frappée d'un recours, mais seulement en cassation.

Telles seraient les réformes utiles quant au dernier ressort des jugements des tribunaux civils.

II. — *Justices de paix et Conseils de prudhommes.*

Nous avons dit que la juridiction des prudhommes est analogue à celle des jurés, qu'ils étaient presque choisis par les parties, partiellement étant leurs pairs. C'est dire que, comme les verdicts, leurs décisions devraient être toujours en dernier ressort.

Mais il faudrait, pour que l'assimilation fût complète, donner aux parties le droit de récusation.

La question est beaucoup plus difficile en ce qui concerne les juges de paix. Cette juridiction doit inspirer au législateur une moins grande confiance pour plusieurs motifs : 1° les juges sont nommés sans garantie d'instruction ; 2° ils sont amovibles et par conséquent dépendants; 3° le juge est unique, il n'y a pas l'appoint d'une majorité, le juge étant seul peut être plus facilement circonvenu; d'ailleurs, il demeure trop près des parties, et peut subir des influences locales. Il est difficile, dans ces conditions, de lui accorder souvent le dernier ressort.

La loi actuelle rend ses jugements non susceptibles d'appel jusqu'à cent francs seulement, et dans les matières spéciales de valeur indéterminée, lui refuse le dernier ressort d'une manière absolue.

Voici les règles que nous proposons :

1° La compétence du juge de paix en raison de la somme ne sera pas réellement augmentée, mais il faut rétablir la valeur ancienne de cent francs ; or, sans conteste, ce qui coûtait cent francs en 1838, coûte aujourd'hui trois cents francs. Il faudrait donc fixer le dernier ressort au moins à ce chiffre.

Nous n'avons pas à nous occuper ici de la compétence en dernier ressort, mais celle-ci devrait atteindre mille francs au moins.

2° Les affaires possessoires devraient être jugées sans appel à quelque somme qu'elles puissent s'élever.

Il s'agit de demandes, en réalité provisoires, qui n'établissent qu'un état de fait. Mais l'influence du possessoire sur le pétitoire devrait disparaître ; le fardeau de la preuve ne serait pas déplacé.

Le défendeur au possessoire pourrait, d'ailleurs, l'arrêter, en intentant le pétitoire.

3° Les pensions alimentaires ont un caractère provisoire ; on ne statue jamais qu'en l'état ; par ailleurs, le juge de paix étant près des parties, juge beaucoup mieux ces affaires que le tribunal civil.

Il devrait les juger toujours en premier ressort (question de compétence) et en dernier ressort lorsqu'il s'agirait d'assurer au crédi-rentier une pension d'un franc par jour (minimum normal de la créance alimentaire).

4° Le juge de paix, lorsqu'il est compétent sur les questions de revenus, de salaires journaliers, de loyers, doit statuer sur ces points en dernier ressort, d'après les principes que nous avons exposés à propos du tribunal civil.

5° Il en est de même lorsqu'il s'agit de résiliation de contrats et surtout de baux, quand la cause de la résiliation n'est pas contestée.

Nous ne pouvons réglementer davantage le dernier ressort des justices de paix, parce qu'à chaque instant ici les questions de dernier ressort viennent se heurter à celles de l'incompétence elle-même ; et que pour le fixer, il faudrait d'abord établir la compétence, ce qui nous entraînerait tout à fait en dehors de notre sujet.

C. — En matière administrative

Ici le terrain est tout à fait déblayé. En laissant de côté les juridictions spéciales, les arrêtés du Conseil de préfecture ne sont jamais qu'en premier ressort.

Devrait-on dans certains cas en interdire l'appel ?

Les adversaires de la justice administrative répondront négativement; ils en désirent la suppression, à plus forte raison veulent-ils qu'on l'entoure, au moins, de quelques garanties.

Or, les conseillers de préfecture sont révocables *ad nutum ;* ils font partie de l'administration, laquelle se trouve souvent ainsi à la fois juge et partie.

La juridiction d'appel, le Conseil d'État, est bien dans le même cas, mais la haute position de ses fonctionnaires, leur valeur personnelle, les met à l'abri du soupçon de dépendance ; les procès qu'ils révisent en appel sont locaux et non politiques ; ils seront plutôt au-dessus de l'administration que dans celle-ci, tandis que les Conseils de préfecture sont dépendants pour l'avenir tout entier.

Les partisans de la justice administrative ne refusent pas, à leur tour, de la rendre plus solide par le contrefort de l'appel.

Cependant il faut reconnaître que les avantages de ces tribunaux qui sont surtout de juger vite et sans frais les petites affaires, disparaissent avec un appel toujours admissible.

Nous pensons qu'il existe une démarcation profonde dans le domaine de la juridiction du Conseil de préfecture.

Tantôt, et c'est une attribution exorbitante, il juge dans des affaires où l'administration est directement partie, par exemple, en matière de travaux publics, entre l'administration et les entrepreneurs, pour l'interprétation ou l'exécution des marchés, ou indirectement partie, par exemple, en la même matière, entre l'entrepreneur de l'Etat et les tiers pour les dommages causés ; il statue aussi sur les indemnités dues aux particuliers pour les occupations temporaires de terrain. Enfin, il est compétent pour statuer sur les difficultés entre l'État et les particuliers pour l'exécution et l'interprétation des ventes faites par l'État.

Tantôt l'État est en cause, mais simplement comme conservateur du Domaine public; il n'a pas d'intérêt directement personnel au procès, et son rôle n'est autre que celui du ministère public devant les tribunaux judiciaires. En matière de voirie, de roulage, par exemple, le Conseil de préfecture empêche les usurpations commises par les particuliers. Dans ce cas, la juridiction est non seulement civile, mais répressive aussi; ce sont des tribunaux correctionnels administratifs, et des amendes très fortes peuvent être prononcées.

Tantôt, enfin, il ne s'agit nullement de l'État, mais d'une justice distributive entre les particuliers. Telle est la compétence en matière de contributions directes. L'État n'est pas intéressé, puisque l'impôt, étant de répartition, s'il n'est payé par un citoyen, le sera par les autres. Lorsque le Conseil de préfecture statue sur les dégrèvements, son rôle, sous ce rapport, s'assimile à celui d'un tribunal ordinaire.

Il nous semble que les affaires de la première catégorie doivent rester soumises à l'appel; c'est le seul correctif à ce principe de l'État juge et partie, et c'est un correctif nécessaire. D'ailleurs, les sommes en litige peuvent être très considérables.

Il n'en est pas de même pour la seconde catégorie, même quand il s'agit de l'exercice de la justice répressive. La peine d'amende est seule prononcée, et le délit n'a rien d'infamant; cela doit être suffisant pour fermer l'appel. Le jugement devra être toujours en dernier ressort, sauf, bien entendu, le recours devant le Conseil d'État, mais siégeant seulement comme tribunal de cassation.

A plus forte raison en doit-il être ainsi pour la troisième classe d'attributions. Ce sont les procès les plus petits et les plus nombreux qui la composent. En matière de cotes, de contributions directes surtout, le Conseil de préfecture devra toujours juger en dernier ressort.

Nous ne croyons pas utile d'entrer dans plus de détails. Les attributions du Conseil de prefecture, en vertu des lois spéciales, sont très nombreuses, mais se classent toujours dans l'une ou l'autre de ces catégories.

Cependant, il y en a qui concernent les communes en matière de comptabilité et pour lesquelles la Cour des comptes est le juge de deuxième instance; nous conserverions, dans ce cas, l'appel.

Telles seraient, dans l'avenir, les limites de la faculté d'appel devant les diverses juridictions civiles, répressives, administratives; elles deviendraient des plus restreintes, parce que, si l'appel a des avantages incontestables, il présente des inconvénients très graves. En outre, nous l'enfermerions dans d'étroites limites de temps. La législation française est celle qui, en matière civile et administrative, concède le plus long délai, légalement de deux mois, en réalité de quatre; pendant ce temps, tous les droits restent en suspens; sauf le cas assez rare d'exécution provisoire, des insolvabilités se produisent qui anéantissent l'efficacité des recours aux tribunaux. Les lois étrangères, au contraire, n'ont accordé que quelques jours pour appeler à partir de la signification du jugement.

Nous ne voulons pas sortir du cadre exact de notre sujet qui est la fixation du dernier ressort, et cependant, contre les dangers de l'appel, nous croyons devoir proposer encore les mesures suivantes :

1° Le délai de l'appel, même au civil, serait très court. Celui d'un mois, accordé par le Code allemand, nous semble bien suffisant et même nous le faisons courir non de la signification, mais du prononcé, lorsque le jugement a été rendu contradictoirement.

2° L'appel ne serait suspensif qu'en ce sens que la partie qui a gagné en première instance ne toucherait pas la somme qui a été allouée; mais le défendeur appelant pourrait être poursuivi à l'effet d'être contraint à consigner cette somme jusqu'au jugement de l'appel.

Le système que nous proposons, dans son ensemble, outre l'avantage d'être, suivant nous, conforme à la raison et à l'utilité pratique, aurait celui de se trouver dans la direction de l'évolution passée et d'en constituer le prolongement. D'abord, il exista des degrés infinis de juridiction; le litige passait à la troisième, à la quatrième, à la cinquième instance; les droits restaient pendant des années incertains et, si l'on plaidait ainsi, c'était plutôt en l'honneur des hiérarchies que pour obtenir un jugement construit sur le solide; puis, peu à peu, le nombre de ces degrés de juridiction diminua; on ne conserva plus pour recours ordinaire que l'appel, mais on le maintint partout; puis, les exceptions naissent de plus en plus nombreuses, tout un bloc de juridiction lui échappe; partout où le jury apparaît, l'appel disparaît enfin; aussi, même ailleurs, tantôt la nature de l'affaire, tantôt son chiffre, lui valent le dernier ressort; la rapidité, l'économie veulent l'emporter; une nouvelle évolution s'apprête; il s'agit de discuter pied à pied le domaine de l'appel, de passer au crible de la raison et à celui plus sûr encore de la pratique cette institution, d'examiner s'il ne faut pas plutôt perfectionner les jugements en améliorant les juridictions et les procédures; c'est ce que nous avons essayé de faire dans le présent travail.

BIBLIOTHÈQUE ... IMPRIMÉS

Imp. PAILLAULT et Cie, 3, passage Nollet. Paris (3907).

LIBRAIRIE MARESCQ AINÉ
CHEVALIER-MARESCQ ET Cie, ÉDITEURS
20, RUE SOUFFLOT, 20

Pandectes Françaises

NOUVEAU RÉPERTOIRE

DE DOCTRINE, DE LÉGISLATION ET DE JURISPRUDENCE

COMMENCÉ SOUS LA DIRECTION DE H. RIVIÈRE, CONSEILLER A LA COUR DE CASSATION

CONTINUÉ SOUS LA DIRECTION DE

ANDRÉ WEISS

PROFESSEUR ADJOINT A LA FACULTÉ DE DROIT DE PARIS

Par H. FRENNELET

AVOCAT A LA COUR D'APPEL DE PARIS, RÉDACTEUR EN CHEF

Avec la collaboration
de nombreux Jurisconsultes, Magistrats, Professeurs, etc.

MODE DE PUBLICATION :

Le **Répertoire des Pandectes françaises** se publie en volumes in-4 de 800 pages environ. Prix : **vingt-cinq francs** le volume broché et **vingt-huit francs relié.**

Mais pour les souscripteurs à l'ouvrage complet, le prix en est réduit **à vingt francs** le volume broché. — **Vingt-trois francs relié.**

(Payables après réception du volume.)

LE DROIT MODERNE

Recueil mensuel de doctrine, de jurisprudence de législation et d'observations pratiques

PUBLIÉ SOUS LA DIRECTION DE

M. G. DESSUBRÉ
Avocat

AVEC LA COLLABORATION DE MM.

BAZILLE, Docteur en Droit, ancien Avocat au Conseil d'Etat et à la Cour de Cassation, Avocat-Bâtonnier, Député de la Vienne, Chevalier de la Légion-d'Honneur.

REGNAUD, Docteur en Droit, Avocat du barreau de Nantes.

DUPONT, Notaire honoraire, Juge au tribunal civil de Niort.

GRASSERIE (Raoul de la), Docteur en Droit, Juge au Tribunal Civil de Rennes, Correspondant du Ministère de l'Instruction publique.

TESTUT, Avocat et Publiciste, ancien Attaché au Ministère de la Justice.

VILLEDIEU (Henry de), Docteur en Droit, Avocat à la Cour d'Appel de Paris.

Le *Droit Moderne* paraît du 10 au 15 de chaque mois par livraison de 40 à 80 pages, et forme, à la fin de l'année, un beau volume in-8, avec table analytique des matières.

Le *Droit Moderne* est indispensable aux Officiers ministériels, aux Avocats, etc., qui y trouveront traitées, par des écrivains compétents, toutes les questions relatives à leur profession.

ABONNEMENT ANNUEL : 10 FRANCS

PARIS

RÉDACTION ET ADMINISTRATION

188 bis, boulevard Pereire, 188 bis

Les communications, annonces, etc., doivent parvenir au bureau du Recueil **le 30 au plus tard,** *pour figurer dans la livraison du mois suivant.*

Imp. PAIRAULT et Cie, 3, passage Nollet, Paris (3378).

www.ingramcontent.com/pod-product-compliance
Ingram Content Group UK Ltd.
Pitfield, Milton Keynes, MK11 3LW, UK
UKHW021031180726
13838UKWH00004B/1721

9 782329 170640